KB055196

09
Abnormal Psychology

외상후 스트레스 장애

김환 지음

_ 충격적 경험이 남긴 영향

학지사

'이상심리학 시리즈'를 내며

21세기를 살아가는 우리는 급격한 변화와 치열한 경쟁으로 이루어진 현대사회에 적응해야 하는 커다란 심리적 부담을 안고 있다. 이러한 현실 속에서 현대인은 여러 가지 심리적 문제와 장애에 직면하게 될 가능성이 높다.

정신건강에 대한 사회적 관심이 증대되면서, 이상심리나 정신장애에 대해서 좀 더 정확하고 체계적인 지식을 접하고자 하는 사람들이 늘어나고 있다. 그러나 막상 전문서적을 접하게 되면, 난해한 용어와 복잡한 체계로 인해 쉽게 이해하기 어려운 것이 현실이다.

이번에 기획한 '이상심리학 시리즈'는 그동안 소수의 전문가에 의해 독점되다시피 한 이상심리학에 대한 지식을 일반 독자들에게 소개하기 위한 것이다. 이를 위해서 다양한 정신장애에 대한 최신의 연구 내용을 가능한 한 쉽게 풀어서 소개하려고 노력하였다.

'이상심리학 시리즈'는 서울대학교 심리학과 임상·상담 심리학 교실의 구성원이 주축이 되어 지난 2년간 기울인 노력의 결실이다. 그동안 까다로운 편집 지침에 따라 집필에 전념해준 집필자 모두에게 감사드린다. 아울러 어려운 출판 여건에도 불구하고 출간을 지원해주신 학지사 김진환 사장님과 한 권 한 권마다 좋은 책이 될 수 있도록 성심성의껏 편집을 해주신 편집부 여러분에게 고마움을 표한다.

인간의 마음은 오묘하여 때로는 "아는 게 병"이 될 수 있다. 그러나 이러한 우려보다는 "아는 게 힘"이 되어 보다 성숙하고 자유로운 삶을 이루어나갈 수 있는 독자 여러분의 지혜로움을 믿으면서, '이상심리학 시리즈'를 세상에 내놓는다.

서울대학교 심리학과 교수

원호택, 권석만

2판 머리말

외상후 스트레스 장애는 충격적 경험을 한 사람들이 보이는 다양한 정신적·신체적 증상들의 총체다. 전쟁, 납치, 강간, 사고, 재난 등과 같은 심각한 트라우마를 경험한 사람들 중 상당수는 그 영향에서 벗어나지 못하고 공포와 슬픔에 빠져 정상적인 삶을 살 수 없게 된다. 꼭 엄청난 재난을 겪지 않았다 하더라도 가정에서의 학대나 방임 등 개인적으로 정신적 충격을 입은 경우에도 외상후 스트레스 장애의 증상이 나타날 수 있다. 이런 의미에서 사람들은 일생 동안 어쩔 수 없이 한두 번은 외상trauma, 트라우마을 겪게 된다고 볼 수 있다.

최근 사회적으로 외상후 스트레스 장애에 대한 관심이 증가하고 있는데, 유감스럽게도 이는 문명의 발달과 함께 사람들을 놀라게 하는 충격적인 사건 및 굵직한 사고들이 빈번해지고 있기 때문이다. 피해자들은 늘어만 가고, 그들이 호소하는 충격적 경험의 후유증은 법적 소송의 논란거리가 되기도 한다. 그러나 이런 추세에 비해 외상후 스트레스 장애에 대한 인식과 치료법의 발전은 너무 더디기만 하다. 이는 일차적으로 외상후 스트레스 장애에 대해 사람들이 잘 알지 못하기 때문이다. 주변과 사회의 인식부족 및 무관심으로 인해 피해자들이 방치될 경우 일탈행동, 실직, 가정불화 등을 야기할 수 있다.

이 책은 외상후 스트레스 장애를 많은 사람에게 알리고, 그 치료적 함의를 제공하기 위한 것이다. 하지만 저자의 짧은 지식으로 인해 책의 내용이 다소 부실하고 딱딱해짐을 면키 어려웠다. 또한 국내 연구가 미비하여 이론이나 사례에 대해 외국의 것을 많이 소개하였다. 이런 점들을 스스로 부끄럽게 여기고, 미력하나마 외상후 스트레스 장애의 존재를 알리는 데 기여하기를 바라면서 이 책을 내놓는다.

2016년
김 환

차 례

2 외상후 스트레스 장애는 왜 생기는가 — 101

외상후 스트레스
장애란 무엇인가

1

1. 외상후 스트레스 장애의 자취

외상外傷, trauma, 트라우마은 충격적인 사건을 경험한 사람들에게 남겨진 정신적인 후유증 또는 상처를 의미한다. 원래 외상은 외부로부터의 상처를 의미하지만, 이상심리학 및 정신병리학에서는 정신적인 의미의 상처를 가리킨다. 흔히 외상을 남기는 외상 사건traumatic event에는 생명의 위협, 신체적 상해, 성폭력과 같은 것들이 있다. 그것을 직접 경험하는 것뿐 아니라 목격하는 경우에도 외상이 생길 수 있다. 생명의 위협이나 심각한 신체적 상해의 위협을 느낄 만큼 충격적인 사건을 경험하게 되면 그 사건이 종료되었음에도 오랜 기간 피해자의 삶에 영향을 남긴다. 이 외상에 잇따라 나타나는 여러 가지 정신적·신체적 증상들을 총체적으로 외상후 스트레스 장애Post-Traumatic Stress Disorder: PTSD라고 한다.

그런데 여러분은 주변에서 외상후 스트레스 장애 환자를

본 적이 있는가? 만약 여러분이 외상후 스트레스 장애 진단을 받은 환자가 아니라면 이 질문에 답하기는 쉽지 않을 것이다. 실제로 주변에서 외상후 스트레스 장애 환자를 찾아보기는 어렵다. 이것은 우리가 외상을 겪고도 그에 따른 정신적 고통을 받지 않아서가 아니라, 아직까지 외상후 스트레스 장애에 대한 일반적인 인식이 부족하기 때문이다. 어떤 이들에게는 외상후 스트레스 장애라는 용어부터가 생소하게 들릴 것이다. 충격적 사건이 남긴 외상으로 고통받으면서도 정작 본인이 외상후 스트레스 장애라는 것을 모를 수도 있는 것이다.

그러나 최근에는 외상후 스트레스 장애에 대한 사람들의 관심이 부쩍 높아졌다. 이는 물질적·신체적 풍요뿐만 아니라 정신적인 안정과 평화가 중요하다는 사람들의 인식이 점차 확산되어가고 있기 때문이다. 또 실제적인 이유로도 외상후 스트레스 장애에 대한 관심이 증가하였는데, 보험회사나 정부가 외상후 스트레스 장애를 중요하게 다루고 있기 때문이다. 사고나 재해 후에 나타나는 개인의 정신적 부적응이 외상후 스트레스 장애의 기준에 충족되는지에 따라 보험금 지급 여부가 결정되는 실제적인 문제가 있기 때문이다.

이 책에서는 외상후 스트레스 장애와 그와 관련된 주제들을 다양하게 다루어보고자 한다. 외상후 스트레스 장애의 진단기준은 어떠하며, 외상후 스트레스 장애를 바라보는 이론

적 입장에는 어떠한 것들이 있는지, 또 외상후 스트레스 장애
는 어떻게 치료하는지 등이 이 책의 중심 내용이 될 것이다.
이제 외상후 스트레스 장애를 향한 탐험을 시작해보자.

1) 외상후 스트레스 장애의 역사

'외상후 스트레스 장애'라는 명칭을 정식으로 사용한 것은
1980년의 일이니 그리 오래되지는 않았다고 볼 수 있다. 그 전
에는 유사한 다른 명칭으로 불렸으며, 외상후 스트레스 장애
를 하나의 독립된 장애로 볼 것인지 논란도 많았다. 외상후 스
트레스 장애의 역사는 용어 변천의 역사라 할 수 있다. 외상후
스트레스 장애의 증상을 가리키는 용어들은 장애에 대한 생각
의 변화와 더불어 계속 바뀌어왔다.

1800년대 후반 러시아에서는 철도사고를 당한 노무자와 일
반인들을 위한 보상법을 처음으로 도입하였다. 그런데 이 법
이 도입되자마자 엄청난 수의 사람들이 철도사고로 인한 신체
적 고통과 후유증에 시달리고 있다고 주장하였다. 언뜻 보기
에 이런 현상은 사람들이 보상을 받기 위해 증상을 꾸며냈다
고 여겨질 만한 것이었다. 어떤 학자는 이와 같은 사람들의 증
상을 보상신경증compensation neurosis이라고 표현하였다.

그 진위야 어찌되었든 간에 당시 사람들이 시달린 고통은

오늘날의 외상후 스트레스 장애 증상들과 매우 유사했다고 한
다. 철도사고로 인해 쇼크를 입은 환자들은 혈액순환계와 호
흡계 및 신경계통의 장애를 보이고, 언어와 사고의 불일치를
보였다. 이들은 또한 심한 우울증도 보였다. 아무튼 철도회사
에 대한 배상을 요구하는 사람들의 수는 너무나 엄청났고, 그
증상은 '철도 척추'railway spine라는 이름으로 사람들에게 널리
알려지게 되었다.

제1차 세계대전 때는 포탄 쇼크shell shock라는 용어도 사용되
었다. 당시 병사들은 극도의 정신적 피로를 호소하는 경우가
있었는데, 포탄이 떨어질 때 주위 공기 밀도가 낮아지고 일산
화탄소가 증가하기 때문에 이런 증상이 생긴다는 생각을 반영
한 것이다. 이런 용어 외에도 극도의 정신적 피로를 가리키는
용어로 병사들의 심장soldier's heart 또는 분투 증후군effort
syndrome과 같은 것이 있었다. 병사들은 일종의 소진burn-out 상
태를 보인 것인데, 당시 소진 상태에 대한 유일한 치료법은 병
사들을 후방으로 데려가 잠시 휴식을 취하게 하는 것이었다.
그런 후 병사들은 다시 전투에 내보내졌다. 「만성피로 증후
군」이라는 문헌을 보면 영국군 중 약 6만 명의 병사가 이 증상
으로 고생하였고, 이 중 4만 4,000명이 더 이상 전투 기능을 수
행할 수 없다고 판단되어 전역했다고 한다.

제2차 세계대전 당시에는 전투피로증combat fatigue이라는 용

어가 사용되었다. 이런 용어들은 전투 외상으로 인해 스트레스와 불안에 시달리는 참전용사들의 모습을 표현한다.

외상후 스트레스 장애라는 명칭이 본격적으로 만들어진 것은 베트남전쟁에 대한 반대운동이 전개된 1970년대였다. 캐나다의 정신과 의사였던 카임 샤탄Chaim F. Shatan은 베트남 참전용사들을 치료하면서 베트남 전쟁후 증후군post-Vietnam Syndrome이란 용어를 사용하였다. 이후 1980년, 미국정신의학회의 『정신장애의 진단 및 통계 편람 제3판DSM-III』[1]에서 외상후 스트레스 장애라는 명칭을 공식적으로 사용하였다.

여기서 증후군이 장애로 변화되는 과정을 알 수 있다. 증후군이란 일련의 증상이나 질병의 신호로서 특정 질병이나 비정상적 상태의 특성을 집합적으로 나타낸 용어인 반면, 장애는 질병 자체를 나타낸다. 결국 외상후 스트레스 장애는 특정 질병에 대한 신호의 의미로부터 정신의학적으로 의미 있고 독립적인 장애 범주로 정립된 것이다.

---

1 DSM(Diagnostic and Statistical Manual of Mental Disorder)은 미국 정신의학회(American Psychiatry Association)의 진단 · 통계위원회가 발간한 정신장애의 진단 및 통계 편람이다. 이것은 세계보건기구(WHO)가 최초로 정신장애 분류를 포함시킨 ICD-6를 변형 · 발전시킨 것으로, 진단 범주를 기술한 용어 해설이 있고 임상적 유용성을 강화한 최초의 공식 정신장애 진단 매뉴얼이다. 2013년 5판까지 개정되었다.

참고로, 가바드Gabbard는 저서 『역동정신의학』에서 참전용사, 대학살의 생존자, 천재지변이나 대형 재난의 생존자들에게서 유사한 정신 반응이 나타나는 것을 볼 때, 외상후 스트레스 장애가 오히려 너무 늦게 독립된 진단 범주로 인정된 것이 모순이라고 하였다.

2) 외상후 스트레스 장애 치료의 변천

이론과 관련하여 외상후 스트레스 장애의 치료에서도 많은 변화가 있었다. 두 차례의 세계대전에서 나타난 전투신경증에 대한 심리학적 치료가 절실히 요구되면서 그에 따른 연구가 이루어졌다. 최초의 치료는 외상의 공포를 다른 강한 통증, 예를 들어 전기충격 같은 것으로 중화시키는 것이었다. 이를 통해 많은 병사가 전선으로 되돌아갔으나, 일부 병사는 자살을 했다.

제2차 세계대전 중에는 반응제거와 카타르시스를 추구하는 방법이 사용되었다. 가끔은 최면술도 사용되었는데, 환자들은 최면 상태에서 외상을 드라마틱하게 경험하였다. 그러나 동시에 환자가 외상이 자기에게 가져다준 의미를 이해하고 부정적인 자기관을 바꿀 수 있도록 외상 경험을 다루는 것 역시 중요하다는 것이 밝혀졌다.

또 단기간의 휴식과 오락도 외상에 대처하는 효과적인 방법임이 밝혀졌다. 전쟁과 관련된 외상후 스트레스 장애에서는, 병사들을 가능한 한 단기간에 그리고 전방 가까이에서 치료하는 것이 대부분의 병사를 업무로 되돌아갈 수 있게 한다는 사실도 발견되었다.

행동치료자들은 베트남전쟁 참가자들을 대상으로 체계적 둔감법systematic desensitization, 내파법implosion 등의 행동치료법을 발달시켰다. 이것들은 두려워하는 자극에 노출시키는 방법의 일종이다. 외상후 스트레스 장애 치료에 대한 관심이 높아짐에 따라 경험을 재해석하는 인지치료cognitive therapy나 안구운동을 활용하여 정보처리를 시도하는 안구운동 둔감화 재처리법 eye movement desensitization and reprocessing: EMDR 등 다양한 치료법이 개발되었다.

최근에는 외상후 스트레스 장애 환자의 생태학적 활동 장소가 중요하다는 인식이 증가하면서 외상후 스트레스 장애를 가족치료와 부부치료로 다룬 보고서들도 속속 나타나고 있다.

3) 외상후 스트레스 장애와 보상 문제

지금까지 외상후 스트레스 장애에서 다룬 외상의 영역은 주로 전쟁에 국한되어 있었다. 다행히도 전쟁에 참가했던 참

전용사들은 평화를 수호한 영웅들이었고, 그 수는 매우 많았
다. 참전용사들의 이익을 대변하기 위한 이익집단이 조직되었
고 이들의 요구에 정부는 무관심할 수 있는 입장이 아니었다.
정부는 참전용사들을 위한 복지 프로그램을 운영해야만 했으
며, 그 안에는 정신건강에 관한 부분도 있었다. 보험회사나 정
부에서는 이들이 제기하는 소송에 대해서는 그나마 관대한 편
이었다.

그러나 상대적으로 참전용사를 제외한, 개인적 사고인 교
통사고, 강간, 폭행 피해 등 다른 외상 집단은 그리 관심을 받
지 못했다. 사회가 복잡해지고 다양해져감에 따라 대형 교통
사고나 성폭력 피해자들이 늘어가는 추세다. 특히 강간에 대
해서는 주목할 필요가 있다. 이들은 전쟁 피해자들보다 그 수
가 훨씬 많으며, 생명과 신체의 위협을 수반하는 대표적인 외
상 사건이기 때문이다.

예전에 우리나라에서 일어난 백화점 붕괴사고나 교량 붕괴
사고, 화재사고, 해상조난사고 피해자들도 그들이 받은 정신
적 충격에 대하여 얼마나 사회적인 지지와 관심을 받고 경제
적으로 보상을 받았는지는 의문이다. 아직도 법원에서 제기되
는 '정신적인 피해에 대한 보상'은 소홀히 대우받기 십상이다.
또 최근에는 원자력발전소의 피해 사례들도 속출하고 있다.

외상후 스트레스 장애에 대한 인식이 확대됨에 따라 그에

대한 관심도 높아지고 보험회사와 피해자들 간의 법정 논쟁 역시 더욱 치열해질 것이다. 이와 더불어 정신장애의 진단을 담당하는 임상심리학자와 정신과 의사들의 역할도 커질 것이다. 분명한 것은, 정신장애의 존재를 부정하는 것이 그 문제를 사라지게 만들지는 못한다는 것이다. 또한 예방과 조기치료가 실제적인 비용절감의 효과가 있을 수 있음을 인식해야 한다.

국내에서는 정신건강 관련 분야에 대한 관심이 이제 막 싹트는 시기여서 정신장애에 대한 피해보상이나 심리치료에 대한 보험 혜택 등의 제도가 확고히 자리 잡지 못했다. 아직도 정신장애에 대한 대중의 인식이 부족하고, 정신과에 내원하거나 심리상담을 받으러 다니는 사람들을 무조건 미친 사람 취급한다. 그러나 정신장애가 질병이라는 사실에 주목해야 할 필요가 있다. 누구나 몸이 약해지면 병에 걸리기 쉽듯이 마음도 약해지면 정신장애에 취약해질 수 있다. 자신이 어떤 정신장애로 고통받고 있는지를 알아야 그 대응법이나 보상에 대해 적극적인 조치를 취할 수 있게 되는 것이다.

4) 외상후 스트레스 장애의 확장

최근 외상 관련 장애의 주요 흐름 중 하나는 아동기 외상에 대한 관심이다. 아동은 부모의 학대나 방임으로 심각하게 상처받고 트라우마를 입을 수 있다. 반 데르 콜크van der Kolk는 발달 중인 아동이 가까운 부모에게 트라우마를 입게 될 때, 첫째, 자기 자신이 온전하고 지속적이라는 느낌을 갖지 못하게 되고, 둘째, 정서나 충동조절을 잘 하지 못하게 되며, 셋째, 타인과 세상에 대한 신뢰 및 예측가능성을 얻지 못하게 된다고 하였다. 이것은 자아가 조화롭고 안정되게 발달하지 못한다는 의미다.

아동기 외상에 대한 관심은 재난이나 사건·사고가 아니라 사람으로부터 받을 수 있는 충격과 상처에 대한 관심을 반영한다. 사람으로부터 입게 되는 충격적 외상은 주로 강도, 강간, 폭행과 같은 사건으로 인해 생긴다. 그런데 낯선 타인이 아니라 가까운 가족 내에서 신체 폭력이나 성폭행의 희생자가 되는 것은 또 다르다. 가족 내 학대 경험은 일회성이 아니라 반복적으로 이루어져 회생자는 더욱 무기력해진다. 또 자기도 모르게 트라우마 환경에 익숙해져서 트라우마를 일으키는 방식을 인생을 통해 재연하며 살게 된다. 한 외국 연구 자료에 따르면, 어릴 적 신체적 학대와 방임을 겪은 사람들 중 30대 정도까지 폭력 관련 사건으로 체포되는 경우가 절반에 이른다고 하며, 아동 성학대자 중 75%는 자신이 어렸을 때 성적으로 학대당한 적이 있다고 보고하였다. 이들은 어릴 적 외상의 굴

레에서 벗어나지 못한 채 똑같은 상황을 재연하며 살고 있는 것이다. 단지 피해자와 가해자의 역할만 바뀌었을 뿐.

그런데 아동기 외상의 경우, 기존 외상후 스트레스 장애의 진단기준과 꼭 들어맞지 않는다는 한계가 있다. 그 이유는 『정신장애의 진단 및 통계 편람DSM』 외상후 스트레스 장애의 첫 번째 진단기준 때문이다. 이는 외상 사건traumatic event을 규정하는 기준인데, 이 기준에서는 '실제적이거나 위협적인 죽음이나 심각한 상해를 주는 사건'을 외상 사건으로 규정하고 있다. 이 기준을 따르면 아이러니하게도 사람으로부터 받는 학대, 방임, 상실, 부적절한 성행위 등이 외상 사건이 되지 못하는 것이다.

이런 한계를 해결하기 위해 최근에는 외상후 스트레스 장애와 별개로 아동기 외상으로 인한 발달적 외상 장애developmental trauma disorder라는 진단범주를 새로 만들자는 움직임이 있다. 새로운 발견과 학문의 발전에 따라 『정신장애의 진단 및 통계 편람DSM』은 계속 개정되기 때문에 추후 발달적 외상 장애가 정신장애의 한 범주로 인정될지 두고 볼 일이다. ❖

2. 외상후 스트레스 장애의 진단기준

DSM의 최신판인 DSM-5에 제시된 외상후 스트레스 장애의 진단기준은 A부터 H까지로 구성되어 있다. 이를 살펴볼 때 크게 세 부분으로 나누면 이해하는 데 도움이 될 것이다. 먼저, 진단기준 A는 외상후 스트레스 장애의 본질이라고 할 수 있는 외상 및 외상 사건을 규정하고 있다.[2] 우리는 이 절에서 외상의 의미와 조건, 종류를 더 자세히 살펴볼 것이다.

진단기준 B에서 E까지는 외상후 스트레스 장애에서 나타나는 독특한 임상적 특징들이 제시된다. 이 부분은 외상후 스

---

[2] DSM-IV에서는 진단기준 A1과 A2가 있었는데, A1에서는 외상 사건을 정의하였고 A2는 개인의 반응을 규정하였다. A2가 규정한 개인의 반응은 '극심한 공포, 무력감, 고통이 동반된다'는 것이었다. DSM-5에서는 이 반응들이 외상을 경험한 사람들에게 처음부터 확실하게 나타나지 않는다는 이유로 A2 기준을 삭제하였다.

트레스 장애의 증상을 이해하는 데 핵심적인 부분이므로 다음 절에서 하나씩 자세히 설명하도록 하겠다.

마지막으로, F 이하는 외상후 스트레스 장애의 경과와 영향을 제시한다. 이것에 대해서는 5절에서 설명하기로 한다.

 외상후 스트레스 장애의 진단기준 (DSM-5; APA, 2013)

A. 실제적인 것이든 위협을 당한 것이든 죽음, 심각한 상해 또는 성적인 폭력을 다음 중 한 가지 이상의 방식으로 경험한다.

(1) 외상 사건을 직접 경험하는 것

(2) 외상 사건이 다른 사람에게 일어나는 것을 직접 목격하는 것

(3) 외상 사건이 가까운 가족이나 친구에게 일어났음을 알게 되는 것

(4) 외상 사건의 혐오스러운 세부 내용에 반복적으로 또는 극단적으로 노출되는 것(예: 인간 유해를 최초로 접수하는 긴급구조대나 아동 학대 장면을 반복적으로 보게 되는 경찰관의 경우 등)

  ※ 주: 전자매체, TV, 영화, 사진을 통한 것이 아님

B. 외상 사건과 관련된 침투 증상이 다음 중 한 가지 이상 나타난다.

(1) 외상 사건에 대한 고통스러운 기억의 반복적이고 침투적인 경험

　　※ 주: 7세 이상 아동의 경우, 놀이를 할 때 외상 사건과 관련된 주제가 반복적으로 표현되어 나타남
(2) 외상 사건과 관련된 고통스러운 꿈의 반복적 경험
　　※ 주: 아동의 경우, 악몽의 내용이 기억나지는 않을 수 있음
(3) 외상 사건이 실제로 일어난 것처럼 느끼고 행동하는 해리 반응(예: 플래시백) (현실 상황 인식 수준에 차이가 있으며, 가장 심한 경우 현실 상황을 전혀 인식하지 못함)
　　※ 주: 아동의 경우, 놀이를 할 때 외상-특정적 재연이 나타남
(4) 외상 사건과 유사하거나 그러한 사건을 상징하는 내적 또는 외적 단서에 노출될 때마다 강렬한 심리적 고통을 경험함
(5) 외상 사건을 상징하거나 그와 유사한 내적 또는 외적 단서에 심각한 생리적 반응을 보임

C. 외상 사건과 관련된 자극 회피가 다음 중 한 가지 이상의 방식으로 지속적으로 나타난다. 이러한 변화는 외상 사건이 일어난 후에 시작된다.
(1) 외상 사건과 밀접히 관련된 고통스러운 기억, 생각, 감정을 회피하거나 회피하려는 노력
(2) 외상 사건과 밀접히 관련된 고통스러운 기억, 생각, 감정을 유발하는 외적인 단서들(사람, 대화, 활동, 대상, 상황)을 회피하거나 회피하려는 노력

D. 외상 사건에 관련된 인지와 감정의 부정적 변화가 다음 중 두 가지 이상 나타난다. 이러한 변화는 외상 사건이 일어난

후에 시작되거나 악화될 수 있다.

(1) 외상 사건의 중요한 측면을 기억하지 못한다(이것은 두부 손상이나 알코올 또는 약물 때문이 아니라 흔히 해리성 기억상실에 기인함).

(2) 자신, 타인, 세상에 대한 과장된 부정적 신념이나 기대를 지속적으로 지닌다(예: "나는 나쁘다" "아무도 믿을 수 없다" "세상은 완전 위험하다" "내 신경계가 완전 망가졌다" 등).

(3) 외상 사건의 원인이나 결과에 대한 왜곡된 인지를 지니며, 이러한 인지로 인해 자신이나 타인을 책망한다.

(4) 부정적인 정서 상태(예: 공포, 분노, 죄책감이나 수치심)를 지속적으로 나타낸다.

(5) 중요한 활동에 대한 관심이나 참여가 현저하게 감소한다.

(6) 다른 사람에 대해서 거리감이나 소외감을 느낀다.

(7) 긍정 정서(예: 행복감, 만족, 사랑의 감정)를 지속적으로 느끼지 못한다.

E. 외상 사건과 관련하여 각성과 반응성의 현저한 변화가 다음 중 2가지 이상 나타난다. 이러한 변화는 외상 사건이 일어난 후에 시작되거나 악화될 수 있다.

(1) (자극이 없는 상태이거나 사소한 자극에도) 짜증스러운 행동이나 분노 폭발

(2) 무모하거나 자기파괴적인 행동

(3) 과도한 경계

(4) 과도한 놀람 반응

(5) 집중의 곤란

(6) 수면 장해(예: 잠들기 어렵거나, 수면 상태를 유지하기 어

렵거나, 수면 시 자주 깸)

F. 위에 제시된(B, C, D, E의 기준을 모두 충족시키는) 장해가 1개월 이상 나타난다.

G. 이러한 장해로 인해서 심각한 고통이 유발되거나 사회적, 직업적 또는 중요한 기능에 현저한 손상이 나타난다.

H. 이러한 장해는 약물이나 신체적 질병에 의한 것이 아니어야 한다.

※ 위의 내용은 청소년과 성인에게 적용되는 진단기준이며, 6세 또는 그보다 어린 아동의 경우에는 다소 다른 진단기준이 적용된다.

1) 외상과 외상 사건

진단의 첫 번째 기준은 외상 경험과 외상 사건traumatic event을 규정하고 있다. 외상 사건은 외상을 남기는 것으로, 사람들의 생명과 신체적 안녕을 위협하는 엄청난 재난 및 충격적 사건을 의미한다. DSM-5에서는 이들 사건 속에서 발생할 수 있는 공통 요소에 주목하고 있는데, 그것은 각각 죽음, 심각한 상해, 그리고 성적 폭력의 경험이다.

그런데 DSM-5에서는 이런 엄청난 재난이나 충격적 사건을 직접 경험하는 것뿐만 아니라 그것을 목격하거나 가까운 가족 혹은 친구에게 외상 사건이 발생했음을 알게 되는 것까지 포함하고 있다. 한편, DSM-5에서는 DSM-IV에서 언급한 '극심한 공포, 무력감, 고통' 등의 기준을 외상을 경험한 사람들에게서 처음부터 확실하게 나타나지 않는다는 이유로 삭제하였다. 이렇게 볼 때 DSM-5는 DSM-IV와 비교해본다면 외상성 사건을 좀 더 구체적이면서도 폭넓게 규정하고 있음을 알 수 있다.[3]

DSM의 외상 사건 기준은 언뜻 평범한 일상과 거리가 먼 것처럼 보일 수 있지만, 실제로 우리 주위에서 사람들에게 외상을 남기는 사건은 아주 흔하다. 문명이 발달하고, 작업이 분화되고 거대해지고 복잡해진 현대사회에 와서는 더욱 그렇다. 사람들은 대형 교통사고 위험에 노출되어 있고, 어린이와 여

---

3 DSM-III의 외상성 사건 기준은 더욱 편협하였다. DSM-III-R에서는 외상성 사건의 기준을 상식적인 인간의 범위를 넘어서는 것이라고 정의하였는데, 이런 협의의 정의로는 분명한 외상후 스트레스 장애 증상을 지닌 환자마저 제외시킬 수 있는 위험성이 있었다. 이와 관련하여 브레슬라우 등(Breslau et al., 1991)은 외상성 사건에 노출되는 경우가 흔하며 외상후 스트레스 장애도 아주 흔하기 때문에 스트레스가 정상적 인간 경험의 범위를 벗어나야 한다는 주장은 의미가 없다고 주장하였다.

DSM-5의 진단기준 A

A. 실제적인 것이든 위협을 당한 것이든 죽음, 심각한 상해 또는 성적인 폭력을 다음 중 한 가지 이상의 방식으로 경험한다.
(1) 외상 사건을 직접 경험하는 것
(2) 외상 사건이 다른 사람에게 일어나는 것을 직접 목격하는 것
(3) 외상 사건이 가까운 가족이나 친구에게 일어났음을 알게 되는 것
(4) 외상 사건의 혐오스러운 세부 내용에 반복적으로 또는 극단적으로 노출되는 것(예: 인간 유해를 최초로 접수하는 긴급구조대나 아동 학대 장면을 반복적으로 보게 되는 경찰관의 경우 등)
 ※ 주: 전자매체, TV, 영화, 사진을 통한 것이 아님

※ DSM-IV의 진단기준 A

A. 다음 2가지 요소의 외상성 사건에 노출된 경우
(1) 개인이 자신이나 타인의 실제적이거나 위협적인 죽음이나 심각한 상해, 또는 신체적 안녕에 위협을 가져다주는 사건(들)을 경험하거나 목격하거나 직면하였을 때
(2) 개인의 반응에 극심한 공포, 무력감, 고통이 동반될 때(소아에서는 이런 반응 대신 지리멸렬하거나 초조한 행동을 보인다.)

2. 외상후 스트레스 장애의 진단기준 ✸ **33**

성을 노리는 범죄자들의 수도 급증하고 있다. 폭행, 성추행, 강간, 유괴, 고문, 비행기 사고, 자연적 혹은 인위적 재해, 폭발 테러 등이 더 많이 발생하고 있다. 사건의 직접 경험뿐 아니라 사건을 목격하는 경우 및 가까운 가족에게 사건이 발생하였음을 알게 되는 경우까지 포함했기 때문에 외상 사건의 범위는 더욱 넓어지게 된다.

2) 외상 사건의 핵심 특징

앞에서도 언급했듯이 비교적 다양한 경우가 외상 사건이 될 수 있다. 미국정신의학회(APA, 1987)는 외상 사건의 예로 강간, 폭행, 전투, 자연재해, 사고심한 상처를 남긴 자동차 사고, 비행기 추락, 대화재, 건물의 붕괴, 해양사고 등, 인간이 만든 재난들폭격, 고문, 포로 수용소, 인질극, 테러 등을 들었다. 이런 사건들의 특징을 정리하면 다음과 같다.

- 개인의 생명에 심각한 위협을 초래한다.
- 개인의 신체적 온전함에 심각한 위협을 초래한다.
- 타인의 죽음을 목격한다.
- 타인의 신체적 손상을 목격한다.
- 개인의 가정/공동체가 급작스럽게 붕괴된다.

• 사건은 굉장히 강렬하고 급작스럽다.

이런 다양한 특징들 중에서도 생명과 신체에 대한 손상 위협은 외상 사건의 본질이라고 할 수 있다. 즉, 죽음과 상해에 대한 것이다. 죽음과 상해는 평소에 경험하지 못하는 매우 독특하고 강한 자극이다.

한 연구에 따르면, 생명과 신체에 대한 손상 위협이 없는 사건에 비해 그러한 위협이 존재하는 사건에서 외상후 스트레스 장애가 발병할 확률이 거의 4배나 높았다(Resnick et al., 1993). 국내 연구에서도 교통사고 피해자 중 사고 당시에 사망자나 부상자를 목격한 사람들이 외상후 스트레스 장애로 발전하는 경우가 더 많았다(김태형 등, 1998).

이로 미루어볼 때 죽음과 상해를 경험할 가능성이 높은 직업군에게서 외상후 스트레스 장애 발병 가능성도 높아질 것임을 예상할 수 있다. 군인, 경찰, 소방관 혹은 각종 사건 사고를 처리하는 직업군이 그 예가 될 것이다.

또 같은 사건을 경험하거나 목격하더라도 강도에 따른 차이가 있을 수 있다. 사건의 강도가 높을수록 외상을 남길 가능성이 높아진다. 예를 들어, 전쟁을 간접적으로 경험한 것보다 전투에 직접 참여하는 것이 훨씬 더 강력한 외상 사건이 될 것이다. 발생 위험률과 전투 강도 간의 관계를 살펴본 한 연구에서는 전투 경험의 강도가 높을수록 장애 발생 가능성이 높다고 보고하기도 했다. 즉, 병사들이 경험한 전투가 심한 것일수록 외상후 스트레스 장애가 발생할 가능성이 더 높았다는 것이다. ◆

3. 외상후 스트레스 장애의 주요 증상

'나에겐 트라우마가 있다'는 말은 외상으로 인해 다양한 증상을 겪었다는 말과 일맥상통할 것이다. 외상후 스트레스 장애의 증상을 살피는 것은 외상의 구체적 양상을 살펴보는 중요한 작업이므로 이 장에서 별도로 다룬다. 또 외상후 스트레스 장애의 증상은 이 장애를 정확히 진단하고 평가하기 위해 매우 중요하다.

DSM-5에 근거하여 외상후 스트레스 장애의 주요 증상에는 어떠한 것이 있는지 살펴보자. DSM-5에서는 진단기준 B, C, D, E에서 4가지 주요 증상을 소개하고 있다. 이들은 각각 침투intrusion 증상, 회피avoidance, 인지와 감정의 부정적 변화 negative change in cognition and emotion 그리고 각성과 반응성의 변화 change in arousal and responsiveness다.

1) 외상 사건과 관련된 침투 증상

외상후 스트레스 장애의 증상 중에서 가장 먼저 언급되는 것은 침투intrusion 증상이다. 침투란 '치고 들어온다'는 의미인데, 의식적으로 노력해도 들어오는 것을 막을 수 없다는 것이다. 대개 원하지 않는 불쾌한 이미지나 생각, 느낌, 감각 등 다양한 것이 치고 들어오는 경우를 침투 증상이라고 한다. 예를 들어, 끔찍한 장면이 불쑥 떠오르는 것 말이다. DSM-5의 외상후 스트레스 장애 증상 중 가장 먼저 침투 증상을 언급한 것은 이 증상을 다른 증상들보다 더 핵심적인 것으로 보기 때문이다.

참고로 DSM-IV에서는 침투 증상 자체보다는 침투를 통해 외상성 사건을 '재경험reexperience'하는 것에 더 초점을 맞추었다. DSM-IV에서는 사건에 대한 침투적 회상, 꿈, 플래시백, 강렬한 고통, 생리적 반응 등을 모두 일종의 재경험으로 보았다. 호로비츠Horowitz는 외상적 사건을 재경험한다는 것이 외상후 스트레스 장애만의 독특한 측면이라고 언급한 바 있다. 그러나 DSM-5에서는 재경험보다는 '침투'라는 속성 자체에 더 초점을 맞추고 '침투 증상intrusion symptoms'이라고 분명히 언급하였다.

DSM-5의 진단기준 B

B. 외상 사건과 관련된 침투 증상이 다음 중 한 가지 이상 나타난다.
(1) 외상 사건에 대한 고통스러운 기억의 반복적이고 침투적인 경험
   ※ 주: 7세 이상 아동의 경우, 놀이를 할 때 외상 사건과 관련된 주제가 반복적으로 표현되어 나타남
(2) 외상 사건과 관련된 고통스러운 꿈의 반복적 경험
   ※ 주: 아동의 경우, 악몽의 내용이 기억나지는 않을 수 있음
(3) 외상 사건이 실제로 일어난 것처럼 느끼고 행동하는 해리 반응(예: 플래시백) (현실 상황 인식 수준에 차이가 있으며, 가장 심한 경우 현실 상황을 전혀 인식하지 못함)
   ※ 주: 아동의 경우, 놀이를 할 때 외상-특정적 재연이 나타남
(4) 외상 사건과 유사하거나 그러한 사건을 상징하는 내적 또는 외적 단서에 노출될 때마다 강렬한 심리적 고통을 경험함
(5) 외상 사건을 상징하거나 그와 유사한 내적 또는 외적 단서에 심각한 생리적 반응을 보임

※ DSM-Ⅳ의 진단기준 B

B. 외상적 사건을 다음 방식들 중 한 가지(또는 그 이상)로 지속적으로 재경험하는 경우
(1) 사건에 대한 반복적이고 침투적인 고통스러운 회상(이미지, 생각, 지각 등을 포함). 아동의 경우 외상의 주제나 상황이

3. 외상후 스트레스 장애의 주요 증상 ✳ **39**

표현된 놀이를 반복적으로 하기도 한다.

(2) 사건에 대한 고통스러운 꿈이 반복됨. 아동의 경우 내용을 인식할 수 없는 깜짝 놀라는 또는 무서운 꿈을 꾸기도 한다.

(3) 마치 외상적 사건이 재발하고 있는 것처럼 행동하거나 느낌(사건을 다시 경험하는 듯한 감각, 착각, 환각, 해리적인 환각 재현의 삽화들이 포함되고, 이런 경험은 잠에서 깨어날 때 혹은 중독 상태에서 일어나는 경험을 포함한다). 아동의 경우 그 외상에 해당되는 특수한 재연이 일어날 수 있다.

(4) 외상적 사건과 유사하거나 그것을 상징하는 내적 또는 외적 단서에 노출되었을 때의 강렬한 심리적 고통

(5) 외상적 사건과 유사하거나 그것을 상징하는 내적 또는 외적 단서에 노출되었을 때의 생리적 재반응

(1) 고통스러운 기억의 반복적이고 침투적인 경험

외상후 스트레스 장애에서 가장 강조하는 침투는 사건에 대한 회상이다. 즉, 사건이나 사건과 관련된 기억이 불쑥 떠오르며 계속 반복되는 것이다. 의식으로 자꾸 밀려들어오는 외상적 사건에 대한 생각, 감정, 이미지, 기억은 환자에게 매우 괴롭게 경험된다. 환자들은 이런 침투적 사고나 정서 및 기억이 떠오를 때마다 불안과 공포를 느끼게 되며 공황 상태에 빠지기도 한다.

> ## 🔑 강박증에서의 침투 증상과 비교
>
> 강박증에서도 침투적 사고가 나타난다. 불쑥 사랑하는 주위 사람들이 죽어버리면 어쩌나 하는 생각이 떠오른다거나, 불경스럽고 외설스런 생각이 언뜻 머릿속에 스쳐가는 것들이 침투적인 사고의 예다. 외상후 스트레스 장애의 침투 증상과의 차이는, 강박증에서의 침투는 충격적 사건에 대한 회상이 아니라는 점이다.
>
> 사실 침투적 사고는 누구나 경험하는 현상으로 정상인의 90% 이상이 침투적 사고를 보고한다는 연구도 있다. 침투적 사고를 경험한다고 해서 모두 정신병리를 갖게 되는 것은 아니다. 문제는 침투적 사고의 정도와 거기에 대한 집착이다. 연구에 의하면, 어떤 생각을 떠오르지 않게 하기 위해 노력한 경우 이 생각이 더욱 자주 떠오르게 된다고 한다. 이를 사고억제의 역설적 효과paradoxical effect of thought suppression라 한다(Wegner, Schneider, Carter, & White, 1987). 강박증은 억제의 역설적 효과와 관련이 있다.

이처럼 강렬한 불안과 공포가 갑작스럽게 밀려오듯이 경험되는 공황 상태에서는 호흡곤란, 혈압상승, 심계항진 등의 증상이 있을 수 있고, 곧 자신이 미쳐버리거나 죽을 것만 같은 느낌에 사로잡히게 된다. 이에 대처하기 위해 환자들은 약물을 남용하거나 충동적 행동을 저지르기도 한다. 하지만 약물 남용이나 충동적 행동은 대부분 효과를 보지 못한다.

여러 연구 결과에서 외상후 스트레스 장애 환자들이 심각한 침투 증상을 매우 일반적으로 경험하고 있음이 나타난다. 베트남전쟁 참전용사뿐 아니라 외상후 스트레스 장애를 앓고 있는 캄보디아 난민 중 75% 이상이 반복적인 침투 증상을 경험한다고 한다(Kinzie, 1986). 하얏트 리전시 호텔 화재사고[4]의 생존자도 연구 대상자 중 85% 이상이 사건에 대한 반복적 회상을 한다고 하였다(Wilkinson, 1983). 이렇게 외상 사건에 대한 침투적 회상은 외상후 스트레스 장애 환자 집단에서 일반적으로 발견된다.

(2) 외상 사건과 관련된 고통스러운 꿈의 반복적 경험

환자들의 꿈에서는 사건의 여러 측면이 발생 당시 그대로 나타나거나 종종 왜곡되어 나타난다. 이와 관련하여 월머(Wilmer, 1982)는 외상후 스트레스 장애 증상을 보이는 환자들에게서 나타나는 악몽을 실제 경험들이 나타나는 반복적 악몽, 실제 경험은 하지 않았지만 일어날 수 있었던 사건들에 대한 악몽, 원래 경험과 다르고 그럴듯하지도 않지만 불가능하지는 않은 사건들에 대한 악몽, 현실과 완전히 유리된 악몽 등

---

4 1981년 7월 17일 미국 미주리 주의 캔자스 시티에 위치한 하얏트 리전시 호텔 중앙 로비 위의 통로가 무너지는 사고가 발생하여 114명이 죽고 200여 명이 부상당했다.

네 가지로 분류하였다. 다음은 개리건(Garrigan, 1987)이 보고
한 사례다.

> 군인들은 눈을 감으면 시체들이 보인다고 하였다. 악몽
> 처럼 공포에 질리게 하는 그들의 꿈 내용을 보면, 마법의 힘
> 으로 되살아난 듯한 시체들이 그들을 죽이려고 다가오는 것
> 이다. 한 병사는 흩어진 시신의 부분들을 찾던 중에 자신의
> 인식표를 발견하는 자기 자신을 보는 꿈을 꾸었다고 보고하
> 였다.

그러나 꿈으로 외상후 스트레스 장애로 진단하기 위해서는
원래 외상적 사건 경험 그대로를 나타내는 꿈과 악몽들이 반
드시 있어야 한다. 연구에 의하면, 외상후 스트레스 장애 환자
들이 보고한 꿈들 중 앞서 제시한 첫 번째 범주의 꿈의 비율이
약 45%라고 한다(Wilmer, 1982). 이러한 꿈과 악몽은 몇 년에
걸쳐 계속되기도 하고, 사건이 있은 지 수십 년이 지나도 마찬
가지일 수 있다.

(3) 외상 사건이 실제로 일어난 것처럼 느끼고 행동하는 해리 반응

해리dissociation는 흔히 감각이나 지각 또는 기억 등이 의식과

분리되는 현상을 말한다. 간혹 몸에서 정신이 빠져나가는 느낌이 들거나, 사물이나 상황이 비현실적으로 느껴지거나, 현재 이 장소에 있으면서도 동떨어진 느낌이 드는 것 등이 해리 증상이다. 이와 관련하여 의식, 기억, 정체감, 환경에 대한 지각 등에서 급격한 변화나 붕괴가 일어나는 것을 해리 반응이라고도 한다.

외상후 스트레스 장애 환자들은 마치 예전의 외상 사건이 현재 재발하고 있는 것처럼 행동하거나 느끼는 경험을 하게 되는데, 이런 것으로는 플래시백[5] 경험이 대표적인 예다. 다음의 베트남전쟁 참전용사 K에게 나타난 플래시백 경험을 살펴보자.

> 베트남전쟁이 끝난 지 1년이 지났을 무렵, 23세의 베트남전쟁 참전용사 K가 병원에 입원하였다. K가 우울, 불면증 그리고 전쟁의 플래시백(flashback)을 보이기 시작하자 K의 아내가 그를 입원시킨 것이다.
>
> K는 전투 현장에서 약 1년을 보내고 2년 전에 제대했다.

---

5 플래시백(flashback)은 매우 급작스럽고 강렬하게 과거 경험이나 그 일부를 재경험하는 현상을 의미한다. 이런 재경험은 의식적으로 만들 수 있는 것이 아니며, 너무 강렬하고 생생하여 그것이 과거에 일어났던 일의 기억이라고 인식할 수 없을 정도다.

베트남에서 돌아온 후 별 어려움 없이 일상으로 복귀하여 대학생활을 계속하였으며, 6개월 만에 결혼도 하였다. 그러나 K는 군대 시절의 경험에 대해 이야기하기를 꺼렸다. 아내는 K가 불쾌한 기억을 떠올리기 싫어서 그러려니 여겼다.

그러다가 베트남이 패망한 무렵부터 K의 현재 증상이 시작되었다. 그는 이 사건을 다루는 TV 뉴스를 보는 데 정신이 팔려버렸다. 잠자는 데에도 곤란을 겪었으며, 때로 과거의 전쟁 경험을 재현하는 악몽을 꾸다가 깨어나곤 했다. 어느 날 K가 뒷마당에서 플래시백을 보일 때 아내는 현장을 목격하고 그의 증상에 신경을 쓰게 되었다. 당시 비행기가 평소보다 다소 낮게 날고 있었다. K는 비행기를 마치 전투기로 착각한 듯 갑자기 땅에 몸을 붙이고 숨을 곳을 찾는 것이었다. TV 뉴스를 보면 볼수록 그는 더 불안해지고 침울해져 갔다.

K는 자신이 보고 경험했던 대량학살에 대하여 이야기하면서, 많은 전우가 죽었는데도 자신은 살아있다는 사실에 죄의식을 느끼기 시작하였다. 때때로 그는 화난 듯이 보였으며, 자신과 전우들이 치른 희생이 온통 헛된 것이라는 느낌에 빠져들었다. 아내는 드디어 K가 베트남에 대해 너무 강한 집착을 보여 다른 것들에는 흥미를 잃어가고, 또 자신에게서도 정서적으로 멀어지는 것을 알게 되었다. 아내는

자녀를 갖는 것 등 미래에 대한 계획을 세워보자고 제안하
였지만, 그는 마치 자신의 인생이 2년 전에 경험했던 전쟁
의 사건들로 가득 차 있는 것처럼 그리고 미래란 없는 것처
럼 반응하였다.

플래시백은 현재 상황과 전혀 무관하게 발생할 수 있는데,
잠에서 깨어날 때 혹은 약물중독 상태에 있을 때에도 경험하
게 된다. 학자들은 이러한 플래시백의 특징으로 강렬한 정서
가 경험되고, 갑작스럽게 시작되며, 일상적인 행동과는 동떨
어진 행동을 보이는 것 등을 들었다.

흔하지는 않지만 플래시백 이후에 자신이 무엇을 했는지
기억하지 못하거나 혼란스러워하는 경우도 있다. 이런 경우
는 의식과 기억에서의 붕괴가 일어난 해리 반응이라고 볼 수
있다.

(4) 사건과 유사하거나 상징적인 단서에 노출되었을 때의 심리적 고통

환자들은 원래의 외상 사건과 비슷하거나 상징적으로 나타
내는 사건들을 경험하게 될 때 비슷한 고통을 느낄 수 있다.
예를 들면, 나치 포로수용소 생존자들에게는 춥고 눈 내리는
날씨가 계속되는 것이나 유니폼을 입은 경비들을 만나게 되는

것이 외상 사건을 연상시키고, 남태평양 전투의 참전용사들
에게는 덥고 습한 날씨가 그런 역할을 할 것이다. 또한 엘리베
이터에서 강간을 당한 적이 있는 여성에게는 엘리베이터를 타
는 것이 원래의 외상 사건을 연상시키는 경험이 될 것이다.

(5) 사건과 유사하거나 상징적인 단서에 노출되었을 때의 생리적 반응

외상후 스트레스 장애 환자들은 외상 사건과 유사한 사건
이나 상징적 단서에 노출되었을 때 심리적 고통을 겪으며 동
시에 다양한 생리적 반응긴장하여 땀이 나거나 심장이 두근거리거나 공포
에 몸이 굳거나 하는 것 등이 나타날 수 있다. 미국 하얏트 리전시 호
텔 화재사건 생존자들을 조사해보았을 때, 약 35%의 생존자
가 원래 사건과 비슷하거나 사건을 연상시키는 것들에 대해
매우 심각한 생리적 반응을 보였다고 한다(Wilkinson, 1983).
이런 생리적 반응은 큰 틀에서 볼 때 외상 사건을 신체적으로
재경험하는 것으로 볼 수 있다.

2) 외상 사건과 관련된 자극 회피

DSM-5 외상후 스트레스 장애의 증상 중에서 두 번째로 언
급되는 것은 회피avoidance 증상이다. 다음 상자의 내용을 비교

🔑 DSM-5의 진단기준 C

C. 외상 사건과 관련된 자극 회피가 다음 중 한 가지 이상의
방식으로 지속적으로 나타난다. 이러한 변화는 외상 사건이
일어난 후에 시작된다.

(1) 외상 사건과 밀접히 관련된 고통스러운 기억, 생각, 감정을
회피하거나 회피하려는 노력

(2) 외상 사건과 밀접히 관련된 고통스러운 기억, 생각, 감정을
유발하는 외적인 단서들(사람, 장소, 대화, 활동, 대상, 상
황)을 회피하거나 회피하려는 노력

※ DSM-IV의 진단기준 C

C. 외상과 연관된 자극을 계속 회피하려고 하거나 일반적인
반응의 마비(외상 전에는 없었던)가 다음 중 3가지 이상 보
일 때

(1) 외상과 관련되는 생각, 느낌, 대화를 피하려 한다.

(2) 외상이 회상되는 행동, 장소, 사람을 피하려 한다.

(3) 외상의 중요한 부분을 회상할 수 없다.

(4) 중요한 활동에 흥미나 참여가 매우 저조하다.

(5) 타인으로부터 소원해지거나 분리되는 느낌

(6) 정서의 범위가 제한되어 있다(예: 사랑의 감정을 느낄 수
없음).

(7) 미래가 단축된 느낌(예: 직업, 결혼, 자녀, 일상적인 삶을
기대하지 않음)

해보면 DSM-IV보다 DSM-5에서 진단기준이 짧아진 것을 알수 있다. 이것은 DSM-IV에서는 회피를 폭넓게 규정하여 인지와 정서의 변화도 진단기준 C에서 언급한 반면, DSM-5에서는 진단기준 C에서 보다 직접적인 회피만 규정하고 인지와 정서의 변화는 진단기준 D에 별도로 제시하고 있기 때문이다.

(1) 고통스러운 기억, 생각, 감정에 대한 회피

외상후 스트레스 장애 환자들은 조금이라도 고통을 줄이기 위해 외상과 관련된 기억, 생각, 감정을 회피하려고 한다. 외상후 스트레스 장애 환자들에게서 회피 행동이 나타나는 것은 행동주의 이론 중 하나인 부적강화negative reinforcement 기제로 잘 설명할 수 있다. 부적강화란 행동에 뒤따라 부정적인 것이 제거될때 그 행동이 증가함을 의미한다. 이를 외상후 스트레스 장애 증상에 적용해보면, 회피는 고통을 근본적으로 치유해주지는 못하지만 일시적으로나마 고통을 줄여주는 효과가 있기 때문에 환자들이 회피 기제를 점점 더 자주 사용하게 되는 것이다.

(2) 고통스러운 기억, 생각, 감정을 유발하는 외적 단서들에 대한 회피

학습이론에서 강조하는 연합association의 원리에 따라, 원래의 외상 사건과 비슷하거나 또는 외상 사건을 상기시키는 단서들도 고통을 초래할 수 있다. 환자들은 이러한 유사 사건이나 단서들도 회피하게 되는데, 이것은 일시적으로는 고통을 경감시킬 수 있지만 장기적으로는 심각한 문제를 초래할 수 있다.

예를 들어 보자. 엘리베이터에서 강간을 당한 적이 있는 여성이 사건이 일어난 엘리베이터뿐만 아니라 모든 엘리베이터를 다 피하려고 한다면 실생활은 엄청나게 불편해질 것이다. 이런 식으로 외상후 스트레스 장애 환자가 회피하는 데 점점 더 많은 에너지를 들인다면 결국 소진될 것이다. 처음에는 외상 사건을 떠올리게 하는 것 한두 가지만 회피하면 되겠지만, 시간이 지날수록 점점 더 많은 것을 회피해야만 할 것이다. 즉, 외상과 관련되는 생각, 느낌, 대화뿐 아니라 외상이 회상될 만한 장소와 행동 및 사람들까지 회피의 대상이 될 것이다. 환자들은 사소한 단서라도 고통스러운 기억, 생각, 감정을 유발하는 것이라면 모두 피하려고 들 것이다. 그러다보면 점점 밖으로 나가지 않게 되고 사람을 피하게 되면서 부적응이 더욱 심각해진다.

3) 인지와 감정의 부정적 변화

앞에서 언급한 바와 같이 DSM-5에서는 외상 경험 후 인지와 정서의 변화를 진단기준 D에 별도로 제시하고 있다.

DSM-5의 진단기준 D

D. 외상 사건에 관련된 인지와 감정의 부정적 변화가 다음 중 2가지 이상 나타난다. 이러한 변화는 외상 사건이 일어난 후에 시작되거나 악화될 수 있다.

(1) 외상 사건의 중요한 측면을 기억하지 못한다(이것은 두부 손상이나 알코올 또는 약물 때문이 아니라 흔히 해리 성 기억상실에 기인함).

(2) 자신, 타인, 세상에 대한 과장된 부정적 신념이나 기대를 지속적으로 지닌다(예: "나는 나쁘다" "아무도 믿을 수 없다" "세상은 완전 위험하다" "내 신경계가 완전 망가졌다" 등).

(3) 외상 사건의 원인이나 결과에 대한 왜곡된 인지를 지니며, 이러한 인지로 인해 자신이나 타인을 책망한다.

(4) 부정적인 정서 상태(예: 공포, 분노, 죄책감이나 수치심)를 지속적으로 나타낸다.

(5) 중요한 활동에 대한 관심이나 참여가 현저하게 감소한다.

(6) 다른 사람에 대해서 거리감이나 소외감을 느낀다.

(7) 긍정 정서(예: 행복감, 만족, 사랑의 감정)를 지속적으로 느끼지 못한다.

(1) 외상 사건의 중요한 측면을 기억하지 못함

DSM-5에서 제시하는 인지와 감정의 부정적 변화 중 첫 번째는 기억 문제다. 뇌의 기질적 손상이 아닌 심인성 기억상실의 일종으로 외상 사건의 여러 측면을 기억하지 못하는 것이다. 예를 들어, 강간 피해자가 강간 당시의 상황을 잘 기억하지 못하는 것을 들 수 있다.

(2) 자신, 타인, 세상에 대한 과장된 부정적 신념이나 기대

신념belief이나 기대expect는 어떤 사물이나 상황에 대한 판단이나 의견 또는 태도를 포함하며, '~은 ~하다' 또는 '~는 ~할 것이다'의 명제로 이루어진다. 사람들은 자신, 타인, 세상에 대한 신념이나 기대를 가지고 있는데, 예를 들어 "나는 소중한 존재다" "나는 쓸모없는 존재다" "어차피 세상은 혼자 사는 곳이다" "아무도 나를 도와주지 않을 것이다"와 같은 것들이 있다. 흔히 우울한 기분은 자신, 타인, 세상에 대한 부정적 신념이나 기대에 동반된다고 한다.

충격적 외상 경험으로 인해 기존에 가지고 있던 긍정적인 신념이나 기대가 무너지고 부정적 신념이나 기대가 생기는 것이 외상후 스트레스 장애의 주요 증상이다. 또 외상 경험 이전에 부정적 신념이나 기대가 미리 존재하였을 수도 있는데, 이 경우에도 외상 경험으로 인해 부정적 신념이나 기대가 더욱 악화될 수 있다.

아동 연구를 살펴보면, 극단적인 외상 경험에 노출된 아동은 더 이상 미래에 대해 기대하지 않는 모습을 나타낸다. 이들은 미래에 대하여 철학적 비관주의미래는 매우 제한된 것처럼 보인다를 보이고, 짧은 인생을 살게 될 것이라고 생각하며, 미래에 또 다른 재앙이 있을 것으로 예상한다. 또한 결혼이나 자식을 갖는 것 등은 상상도 못하고, 직업이 없을 것으로 생각한다고 한다(Terr, 1983a).

(3) 외상 사건의 원인이나 결과에 대한 왜곡된 인지

어떤 사건이나 행위의 원인을 찾는 과정을 귀인attribution이라고 한다. 흔히 사람들은 자기 행위의 원인을 상황에서 찾고 타인 행위의 원인은 성격에서 찾는 경향이 있다. 적절한 귀인은 자신과 타인을 보호하는 효과가 있는 반면, 귀인을 잘못 하면 자책하지 않아도 될 일을 자책하거나 또는 타인을 원망하여 갈등이 증폭되는 경우도 있다. 예를 들어, 성폭력 피해자가 그 책임을 자기 탓으로 돌리게 되면예: "내가 성폭행 당한 것은 결국 내 잘못이지 뭐" 우울이 심해지고 자존감이 낮아지는 등 심리사회적 부적응이 더 심해진다고 한다(Wyatt & Newcomb, 1990). 또 학대받은 아동이 상대의 행동을 의도적인 것으로 귀인하는 경우에는 공격성이 더 증가하기도 한다(김은경, 이정숙, 2009; Dodge & Coie, 1987; Dodge & Somberg, 1987).

(4) 부정적인 정서 상태의 지속

인지뿐 아니라 감정에서도 부정적인 변화가 나타난다. 충격적인 사건을 경험한 사람이 세상을 밝고 긍정적인 정서로 살아가긴 어려울 것이다. 정서적으로 불안정한 상태가 지속되며, 흔히 공포, 분노, 죄책감이나 수치심 등을 지속적으로 느끼게 된다. 이를 반대로 말하면 긍정적인 정서가 줄어든다고 할 수 있다. 기쁨, 행복, 즐거움, 만족감 등을 점점 못 느끼게 되며, 느끼더라도 죄책감이나 수치심이 동반될 수 있다.

(5) 중요한 활동에 대한 관심이나 참여의 감소

외상후 스트레스 장애를 보이는 환자들에게서 흔히 나타나는 증상 중의 하나로 예전에 참여했던 활동들에 대해 흥미를 상실하는 것이 있다. 환자들은 직업이나 가사, 친목활동, 취미생활 등의 주요 활동에 흥미를 느끼지 못하거나 참여하지 않으려 한다.

(6) 타인에 대한 거리감이나 소외감

외상후 스트레스 장애 환자들은 종종 거리감과 소원함을 느낀다고 보고한다. 베트남전쟁 참전용사들을 대상으로 한 연구에 의하면, 참전용사들은 가족이나 친구들에게서 냉정해졌다는 말을 들으며, 결국 더욱 소외감을 느끼게 된다고 한다.

캄보디아 난민들 가운데 약 50% 이상이 타인으로부터의 이질
감과 소원함을 느낀다는 연구 보고도 있다(Kinzie, 1986).

외상후 스트레스 장애 환자들은 대인관계에서 사람들과 친
하게 지내거나 타인들에게 정서적으로 가깝게 느끼는 것에 매
우 어려움을 겪는다. 이들은 좋아하는 사람들에게 감정을 잘
표현하지 못하며, 가족갈등이나 성적인 문제 등으로 고통받
는다. 이런 문제들은 이질감과 소원함을 더욱 심화시킨다.

그런데 이러한 이질감은 심리내적으로 결정된 것일 수도
있지만, 주위 환경이 실제로 지지적이지 못했기 때문일 수도
있다. 주위 사람들이 피해자를 외면하거나 무시했을 수 있다.
가족과 친구들은 겁에 질려서 그들의 재앙에 대해 들으려고
하지 않고, 결국 환자들은 이러한 경험에 대한 느낌을 아무에
게도 말할 수 없게 되는 것이다.

이처럼 외상후 스트레스 장애 환자들은 이질감과 분리감을
느끼면서 사회의 지지를 받지 못하고 결국 다른 사람들과 모
호한 관계를 맺게 된다. 어떤 학자에 의하면, 이질감, 소원함,
고립감 등을 느낀 외상후 스트레스 장애 환자들은 '안전한 장
소'를 찾으려고 정처 없이 떠돌기도 한다(Goodwin, 1980).

(7) 긍정 정서를 느끼지 못함

외상을 입은 사람들은 긍정 정서의 범위가 축소되는 경향

이 있다. 특히 친밀감, 부드러움, 성적인 감정과 연관된 느낌들을 상실하게 되며, 극단적인 경우에는 어떠한 정서도 표현하지 못하게 된다고 한다.

긍정 정서를 느끼지 못하는 것은 정서적으로 마비되는 것으로 이해할 수 있다. 학자들은 정서적 마비 현상을 설명하면서, 극단적인 상황에서 피해자들은 감정을 느끼며 살아가기가 너무 힘들었으며, 차라리 아무런 감정 없이 살아가는 것이 더 편하였을 것이라고 보았다.

한 연구에서도 베트남전쟁 참전용사들이 전투 참가 전 훈련을 받으면서 감수성과 동정심은 쓸데없는 것이므로 금지하고 억압하도록 종용되었다고 한다(Shatan, 1978). 전쟁 동안의 폭력 사용 경험은 정서적 마비를 더욱 부추기게 되었으며, 결과적으로 정서적 자극에 대한 반응수준이 더욱 낮아졌다. 이런 경험을 한 참전용사들의 배우자들은 이들을 냉정하고 느낌이 없으며 따뜻하지 않은 사람들로 묘사한다고 한다.

그들은 때때로 '정서적으로 죽은' 사람들로 언급된다. 얼어붙은 감정이 녹아내리는 것은 그들에게는 고통스러운 기억을 다시 떠올리는 것이나 다름없다. 즉, 내부의 평화는 오직 죽은 상태로 계속 유지시킴으로써만 획득될 수 있다는 것이다.

4) 각성과 반응성의 변화

DSM-5의 진단기준 E에서는 각성과 반응성의 변화를 언급하고 있다. 신체의 자율적 흥분의 증가는 극도의 외상 경험을 한 환자들에게서 흔히 보고된다. 이러한 생리적 각성의 증상으로는 심장박동률이나 혈압의 증가, 피부반응의 증가뿐 아니라 짜증이나 분노의 증가, 무모한 행동, 과도하게 경계하거나 놀람, 집중곤란, 수면 장해 등으로 나타난다. 다음 상자의 내용을 살펴보면 DSM-IV의 기준을 상당 부분 이어받고 있음을 알 수 있다.

 DSM-5의 진단기준 E

E. 외상 사건과 관련하여 각성과 반응성의 현저한 변화가 다음 중 2가지 이상 나타난다. 이러한 변화는 외상 사건이 일어난 후에 시작되거나 악화될 수 있다.
(1) (자극이 없는 상태이거나 사소한 자극에도) 짜증스러운 행동이나 분노 폭발
(2) 무모하거나 자기파괴적인 행동
(3) 과도한 경계
(4) 과도한 놀람 반응
(5) 집중의 곤란
(6) 수면 장해(예: 잠들기 어렵거나, 수면 상태를 유지하기 어

렵거나, 수면 시 자주 깸)

※ DSM-IV의 진단기준 D

D. 증가된 각성반응의 지속적 증상(외상 전에는 존재하지 않았
   던)이 다음 중 2가지 이상 보일 때
(1) 잠들기 어려움 또는 잠을 계속 자기 어려움
(2) 성마름 또는 분노의 폭발
(3) 집중의 어려움
(4) 지나친 경계
(5) 과장된 놀람 반응

(1) 짜증스러운 행동이나 분노 폭발

성마름, 화남, 분노, 적대감, 폭발적 감정 등은 극단적인 외
상 경험을 한 사람들에게서 일반적으로 나타나는 특징이다.
화를 잘 내는 환자들은 종종 예측하기 어려운 공격행동을 보
이며, 아무도 건드리지 않았을 때도 화를 내는 경우가 많다.
이러한 증상은 전쟁에 참가했던 외상후 스트레스 장애 환자들
에게서 특히 일반적으로 나타난다.

외국의 한 연구에 의하면, 베트남전쟁 후 참전용사들 가운
데 약 2만 9,000명이 주립교도소 및 연방교도소에 구금되어
있고 3만 7,500명 정도는 집행유예 중이며, 25만 명이 보호관
찰하에 있고, 8만 7,000명은 재판을 기다리고 있었다고 한다

(Walker, 1981). 그런데 이들은 청소년기에 비행을 저질렀거나 성인기에 구금된 경험이 없는 편이었다. 또 약 70% 정도는 명예로운 제대를 하였다고 한다. 이로 미루어볼 때, 전쟁이 남긴 트라우마가 짜증이나 분노의 증가에 상당한 영향을 미쳐 범법 상황에 관여하게 되었다고 볼 수 있다.

베트남전쟁 참전용사들뿐 아니라 외상을 경험한 다양한 사람이 분노를 느끼게 되는데, 이때 분노는 흔히 권위나 주변의 비지지적인 사람들에게 돌려진다. 또 배반감이나 모욕감, 속는다는 느낌, 놀림당하거나 조종당한다는 느낌이 들면 분노는 더욱 심해진다고 한다.

(2) 무모하거나 자기파괴적인 행동

외상후 스트레스 장애 환자들에게서 나타나는 자기파괴적인 행동으로는 알코올이나 약물 남용, 자살 충동, 원치 않는 임신이나 성병을 초래할 수도 있는 고위험 성행위 등이 있다. 또 생명을 단축시킬 수도 있는 무모한 과속 운전을 하기도 한다.

흔히 자기파괴적인 행동으로 자살, 자해, 물질 남용, 폭식이나 거식증 등을 꼽는다. 이러한 자기파괴적 행동은 사람들의 주의를 끌려는 시도도 있겠지만 그 원인은 훨씬 더 복잡하며, 그 뿌리에는 자신에 대한 미움과 혐오가 있다고 한다.

그런데 외상후 스트레스 장애에서 나타나는 무모하거나 자기파괴적인 행동은 긴장 해소 목적과 좀 더 관련이 있는 것 같다. 즉, 극도의 각성 증가 및 긴장 상태가 될 때 이러한 자기파괴적 행동으로 긴장을 해소하는 것이다. 예를 들어, 자해를 하면 피가 나거나 상처가 날 수는 있지만 긴장이 풀릴 수 있다는 것이다.

또 증상을 경감시키거나 고통을 회피하는 의미도 있다. 외상을 겪은 사람들이 술이나 향정신성 약물을 남용하는 것은 이들 약물이 외상후 스트레스 장애의 다양한 증상을 경감시켜 주기 때문이다. 술을 마시면 외상과 관련된 많은 신경증 증상이 사라진다는 것이다. 알코올을 이용한 자가처방은 잠을 잘 오게 하고, 불안을 감소시키며, 긴장된 근육을 풀어주고, 외상후 악몽이 나타나는 단계라고 생각되는 REM 수면을 억제하는 데 효과적이다. 이는 때때로 우울에서 벗어나게 도와주기도 한다. 이런 결과는 술이 아닌 다른 유형의 물질에도 일반화될 수 있는 것으로 보인다.

그러나 알코올이 초기에는 증상들을 감소시키는 효과적인 수단이 될 수 있지만, 결과적으로 외상후 스트레스 장애 증상에 알코올중독이 추가되는 꼴이 되어 시간이 지날수록 알코올의 효과는 떨어지고 증상들을 감소시키는 데 도움을 주지 못한다. 오히려 알코올 남용의 부작용으로 인해 증상들을 증가시킬 수도 있다.

(3) 과도한 경계

여기서 경계vigilance는 테두리나 영역을 의미하는 경계 boundary가 아니라 잔뜩 긴장하고 과민해지는 것을 의미한다. 즉, 과민성이나 과경계 상태는 외부 세계에 대하여 항상 경계 심을 늦추지 않고 긴장하며 민감한 상태인 것이다. 이런 상태 가 심해지면 사소한 자극도 위협적으로 느끼며, 심한 경우 편 집증paranoia으로 발전할 수도 있다.

꼭 편집증까지는 아니더라도 일부 외상후 스트레스 장애 환 자는 편집적인 특징을 생활에서 나타내게 된다. 이런 방식으 로 적응한 환자들은 타인과 상호작용하면서 항상 의심하고, 경계심을 느끼고, 적대적이라고 느껴지면 무조건 과격하게 반 응하려고 결정하며, 일단 언쟁이 벌어지면 싸움이 일어날 것 이라고 믿고, 먼저 때리는 것이 최선이라고 생각한다고 한다.

(4) 과도한 놀람반응

본래 놀람반응startle response은 갑작스러운 일에 대해 깜짝 놀 라는 것으로 매우 정상적인 반응이다. 그런데 외상 사건을 경 험한 사람들에게는 생리적 각성과 과장된 놀람반응이 흔히 나 타난다. 즉, 매우 자주 그리고 강하게 깜짝 놀라는 것이다.

외상후 스트레스 장애 환자들이 원래의 외상적 사건을 떠 올리게 하는 사건들에 대해 생리적 반응성을 보인다는 것은 여러 연구에서 증명되고 있다. 한 연구에서 환자들을 전투 장면의 소음에 노출시켰을 때 전투 참전 외상후 스트레스 장애환자들은 비교집단에 비해 심장박동률, 수축 혈압, 전두엽 근전도, 피부전도 수준 등에서 상당한 차이를 보였다(Blanchard et al., 1982). 이 중 심장박동률은 두 집단에서 가장 크게 차이가 나는 변인이었다.

(5) 집중 곤란

외상후 스트레스 장애 환자는 기억 손상, 집중력 곤란, 과제처리의 어려움을 보인다(Wilmer, 1982). 집중력 곤란이 매우 심할 경우, 환자들은 자신의 행동을 계속 체크해야만 하거나 일반적인 과제들을 매우 천천히 수행할 수밖에 없게 된다. 이와 같은 집중력 장애와 그에 따른 수행장애는 외상 경험 후 매우 오랜 시간이 지나도 지속될 수 있다.

한 예로 TMIThree Mild Island의 핵 유출사건을 들 수 있다. 1979년 미국 펜실베이니아 주 해리스버그 외곽 지역에 위치한 원자력발전소 단지인 TMI에서 방사능 누출사고가 일어났다. 사상자는 발생하지 않았지만 사고로 인한 심리적 파장은 엄청났다. TMI 근교 거주자들은 집중력과 동기를 측정하는 과제수행에서 비교집단에 비해 심각한 결함을 보였는데, 이는 사건이 일어난 지 1년 반이 지나고 심지어는 5년이 지난 후에도 계속되었다고 한다(Davidson & Baum, 1986).

(6) 수면 장해

수면 장해는 악몽 여부에 상관없이 외상후 스트레스 장애 환자 집단에서 일반적으로 발견된다. 베트남전쟁 참전용사들을 대상으로 한 한 연구는, 여타 증상들이 나타나지 않을 수는 있어도 꿈과 그에 동반되는 수면곤란으로 외상의 영향이 나타나는 것이 자명한 일이라고 밝혔다(DeFazio, 1978).

종종 꿈으로 인해 발작이 일어나서 땀에 흠뻑 젖어 깨어나거나, 때로는 울면서 깨어나기도 한다. 우리나라에서 발생한 백화점 붕괴사고의 생존자들에서도 수면곤란을 호소한 환자가 전체의 54.2%로 가장 많았다(이민수 등, 1997). ❖

4. 외상후 스트레스 장애의 부수적
특징과 감별진단

1) 외상후 스트레스 장애의 부수적 특징

외상후 스트레스 장애 환자들에게서 나타나는 임상적인 양상들은 진단기준에 소개된 증상들에만 국한되는 것은 아니다. 그리고 임상 증상은 개인에 따라 조금씩 다를 수 있다. 따라서 외상후 스트레스 장애의 부수적인 특징을 살펴보는 것이 도움이 될 것이다. 부수적 특징을 살피는 것은 개인을 종합적으로 이해하는 데 도움이 되며 외상후 스트레스 장애의 탐지 및 평가 작업을 증진시킬 수 있다.

DSM-5에 따르면, 어린 아동에게서는 언어를 잊어버리는 것과 같은 발달적 퇴행이 생길 수 있다고 한다. 또 편집증적 사고와 함께 한 명 이상의 목소리로 생각이 들리는 유사 환청 경험도 생길 수 있다고 한다. 장기간 반복된 심한 외상 사건, 예를 들어 아동학대나 고문과 같은 사건을 경험한 후에는 정서 조절이나 인간관계를 유지하는 것에 어려움을 겪기도 하며, 해리 증상을 보이기도 한다. 죽음이 개입된 외상 사건의 경우, 심각한 애도 반응 증상이 나타날 수도 있다.

이 밖에도 DSM-5에 소개되지는 않았지만 외상후 스트레스 장애와 관련된 부수적 증상이나 특징들이 있는데, 그것들은 다음과 같다.

(1) 시간감각에서의 변화

사람들은 엄청난 정신적 외상을 겪으면 시간감각이 손상될 수 있다고 한다. 시간감각의 변화는 몇 가지 양상으로 나타난다. 먼저 시간의 경과를 잘못 지각하는 것이다. 환자들은 짧은 외상 사건 동안에 시간이 더디 갔다고 보고할 수도 있고, 오랜 외상 사건 동안에는 시간이 빨리 갔다고 보고할 수도 있다.

또 환자들은 시간적 순서에 대해 혼란을 느끼는데, 특히 아동들에게 있어서 외상 사건의 기억은 순서가 뒤죽박죽인 경우가 많다. 외상 사건 당시에 일어났던 사건들을 그 전에 일어난 것으로 생각하는 시간편향을 보이기도 하며, 이렇게 간주된 사건들을 외상 사건을 예언하는 어떤 징조로 생각하기도 한다.

4. 외상후 스트레스 장애의 부수적 특징과 감별진단 ✳ **65**

(2) 예언력이 있다는 느낌

외상을 경험한 사람들은 꿈이 예언력이 있다는 느낌을 갖게 되거나, 자신이 영적인 능력을 가졌다는 느낌을 갖기도 한다. 학자들은, 이러한 변화는 환자들이 극도의 무기력 상태에 직면하였을 때 통제감을 회복하려는 시도라고 강조하였다 (Terr, 1983b).

(3) 자아 기능의 변화

엄청난 외상을 경험한 사람들은 행동, 외형 및 발달단계상의 급속한 파멸을 보여주는 심각한 성격 변화가 나타나기도 한다. 주로 정신역동적 입장[6]의 학자들이 이런 주장을 한다.

이들에 의하면 외상을 겪은 사람들은 성격이 비융통적이 되며 과거의 발달단계로 후퇴하고, 승화의 능력이 감소하고, 침투적인 사고, 느낌, 이미지, 기억들을 피하기 위해 성격적인 방어를 과도하게 사용한다고 한다. 승화sublimation란 정신분석학파에서 언급하는 방어기제의 하나로, 사회적으로 인정되는

---

6 정신역동적 입장psychodynamic approach은 프로이트에 의해 시작된 이론적 접근이다. 그는 성 충동과 공격 충동을 강조하였으며, 성격을 자아ego, 원초아id, 초자아superego의 세 영역으로 나누었다. 프로이트 이후의 학자들은 무의식적 불안에 대처하는 방어기제defense mechanism를 연구하였다.

형태와 방법을 통해 충동과 갈등을 발산하는 것이다. 예를 들어, 외과의사나 정육점 주인이라는 직업을 선택하는 데는 공격적 충동을 승화하려는 방어기제가 작용하였을 수 있다고 한다. 이처럼 승화는 사회적으로 인정되는 방어기제임에 반해, 외상후 스트레스 장애 환자들은 승화의 능력이 감소하고 더 원초적인 방식으로 행동하게 된다.

또 새로운 도전을 피하는 심리적 보수성이 생기고, 이러한 부정적인 변화들이 긴장 관리의 실패 및 손상된 대인관계로 이어지는 부적응적인 진행을 보였다고 한다. 따라서 이들에게 즉각적인 치료적 개입을 취하지 않으면 자아 기능의 퇴행적 변화가 만성화될 것이라고 경고하였다(Lindy & Titchener, 1983).

(4) 생존자 죄의식

죄의식은 생존자 죄의식이든 다른 형태이든 간에 외상후 스트레스 장애의 일반적인 특징 중의 하나이며, "다른 사람들은 살아남지 못했는데 어째서 나는 살아남았는가?"라는 형태로 주로 표현된다. 굿윈(Goodwin, 1980)은 생존자 죄의식이 가설적인 개념이 아니라 가장 냉혹한 사실에 기반을 둔 것임을 강조하였다. 베트남전쟁에 참전했던 사람들은 이러한 견해를 지지하며, 베트남전쟁에서 사용된 많은 부비트랩이 그것을 건드린 사람이 아닌 다른 동료 병사들을 죽이도록 설계된 것임을 예로 들었다.

히로시마와 나가사키의 원폭 생존자들인 히바쿠샤들에게서 나타나는 생존자 죄의식에 대한 연구 보고에 의하면, 생존자들은 종종 자신들이 그 재난의 원인에 기여했다는 환상과 관련된 죄의식을 지니고 있으며, 다른 사람들의 죽음에 대한 책임감을 가지고 있는 것으로 나타났다(Lifton, 1967).

이 외에도 폭력 범죄를 겪은 외상후 스트레스 장애 환자들에게서도 책임감이 나타난다. 이는, '비합리적인지는 모르겠지만, 내가 그 사건을 야기했고 그 사건이 일어나는 것을 막지 못했으므로 나에게 책임이 있다'라는 믿음이다.

생존자 죄의식을 느끼는 사람들은 책임감의 결과로 종종 다양한 자기파괴적인 행동을 하게 된다. 베트남전쟁 참전용사들은 이러한 생존자 죄의식 때문에 자기파괴적인 싸움을 걸고, 그 결과 가까운 이들로부터 거부를 당하며, 심지어는 자살이나 자동차 사고, 살인에 의한 폭력적 죽음 등 사고를 통해 자기처벌을 가하였다고 한다.

일반적으로 죄의식 및 생존자 죄의식의 문제는 생존자들의 죄의식이 비현실적이며 비합리적이라는 데 있다. 그러나 이들에게 죄의식을 느낄 만한 사실적이고도 충분한 이유가 있는 경우도 있다. 많은 참전용사는 실제로 잔혹한 살상행위에 가담하였던 것이다.

그 밖의 부수적인 특징으로는 적응문제, 손상된 대인관계, 현저한 성적 욕구 하락, 생활방식의 변화, 강렬한 불신감, 배신감, 사기당하는 느낌, 자기 이미지 손상부적인 자기 이미지의 활성화 등을 들 수 있다. 사람들은 자신의 고유한 성격 구조에 따라 서로 다른 이차적인 증상을 발달시키게 되며, 그들이 겪은 외상적 사건의 종류에 따라서도 각기 다른 성격 변화의 양상이 초래된다고 한다.

앞서 제시한 외상후 스트레스 장애에서 나타나는 다양한 증상을 참조하여 자신이나 주변 사람이 외상후 스트레스 장애의 기준에 부합되는지 체크해볼 수도 있을 것이다. 외상후 스트레스 장애의 증상들을 자세히 이해하는 것은 외상에 담긴 의미나 치료 전략 수립에 반드시 필요한 것이다. 그러나 단지 증상 자체에 빠져 숲을 보지 못하는 오류를 범해서는 안 된다. 앞에서도 언급하였지만, 외상후 스트레스 장애의 다양한 증상은 일상적인 대처 방식으로는 처리되고 극복될 수 없는 사건들에 대처하기 위한 시도로 나타난다는 것을 이해하는 것이 중요하다.

2) 감별진단

감별진단differential diagnosis은 질병 징후와 유사한 결과를 일으키는 질병을 비교하여 병의 이름을 판정하는 일을 말한다. 외상후 스트레스 장애는 다양한 증상의 집합이기 때문에 일부 증상만을 보고 다른 진단으로 잘못 판정할 수 있다. 또 외상후 스트레스 장애 환자라 하더라도 장애 이전에 다른 문제를 이미 겪고 있을 수도 있다. 이런 경우에는 외상후 스트레스 장애 외에 추가적으로 해당 장애를 추가로 진단할 수도 있다.

DSM-5에 따르면 외상후 스트레스 장애 진단 시 감별해야 할 진단으로 적응장애, 급성 스트레스 장애, 불안장애와 강박장애, 주요 우울장애, 성격장애, 해리장애, 전환장애, 정신증, 외상성 뇌손상 등이 있다.

(1) 급성 스트레스 장애와 적응장애

급성 스트레스 장애acute stress disorder와 적응장애adjustment disorder는 DSM-5에서 외상후 스트레스 장애와 같은 장애 군에 속해 있다. 따라서 감별진단이 어려울 수 있으니 주의해야 한다.

먼저, 급성 스트레스 장애와의 차이점을 살펴보면, 급성 스트레스 장애는 외상후 스트레스 장애와 외상 사건 기준에서는 동일하나, 증상의 지속 기간을 3일에서 1개월 이내로 제한하는 것에 차이가 있다. 즉, 증상이 1개월 이내에 잦아드는 경우에만 해당되는 것이다. 만일 침투 증상이나 부정적 기분, 해리 증상, 회피 증상, 각성 증상 등이 1개월 이상 지속되면 외상후 스트레스 장애 진단으로 바뀌어야 한다.

다음으로 적응장애와의 차이점을 살펴보면, 적응장애는 흔히 실연이나 실직, 사업 위기나 실패 등 다양한 스트레스 사건 후에 적응에 어려움을 겪을 때 진단된다. 그러나 스트레스 사건의 심각도나 유형에 대한 규정이 없기 때문에 외상후 스트레스 장애의 진단기준 A에 해당하는 외상 사건을 겪은 경우에도 진단될 수 있다. 단, 이때는 외상후 스트레스 장애의 진단기준 B, C, D를 만족시키지 않는 경우여야 한다.

(2) 불안장애와 강박장애

불안장애 군 및 강박장애 군과도 구별할 필요가 있다. 거의 모든 환자가 긴장, 신경쇠약, 두려움 등을 호소한다. 심장의 두근거림 또는 아무런 이유 없이 갑자기 두려워지는 현상도 환자집단 중 50% 이상에서 보고되었다. 불안반응은 인질 피해자, 재해 피해자, 포로수용소 생존자 등 거의 모든 외상후 스트레스 장애 환자 집단에서 보고되었다.

물론 불안장애anxiety disorder 중 대표적인 공황장애panic disorder의 경우에 각성 증가나 해리 증상이 나타날 수도 있고 범불안장애generalized anxiety disorder의 경우에는 회피나 초조 증상 등이 나타날 수도 있다. 그러나 이들은 외상 사건과 관련된 것은 아

니다. 강박장애obsessive-compulsive disorder의 경우에는 침투 사고
가 나타날 수 있지만, 이 역시 외상 사건과 관련된 침투 증상
이 아니다. 그리고 흔히 강박장애의 경우에는 침투 사고를 중
화시키기 위한 강박 행동이 동반된다.

(3) 주요 우울장애

흔히 우울증이라고 부르는 주요 우울장애major depressive
disorder는 외상후 스트레스 장애 이후에 따라올 수도 있기 때문
에 반드시 외상후 스트레스 장애 증상 기준에 해당되지 않는
경우에만 진단되어야 한다. 특히 진단기준 B와 C는 배제되어
야 한다.

외상의 희생자들에게서 우울은 아주 일반적으로 나타난다.
유태인 학살의 생존자들, 자연재해의 생존자들, 캄보디아 난
민 외상후 스트레스 장애 환자들, 히로시마와 나가사키 원폭
생존자들, 인질극 및 강간 피해자들 등 거의 모든 외상후 스트
레스 장애 환자에게서 우울 증상이 일관되게 보고되고 있다.

연구자들은 환자들 대부분이 우울하게 느끼고, 활력 수준
이 낮고 침체되어 있으며, 쉽게 울음을 터뜨리고, 슬픈 기분을
느끼고, 일에 흥미가 없고, 미래에 대하여 희망이 없다고 느낀
다고 한다. 이러한 우울은 환자들에게 무가치감, 성욕 감퇴,
피로감, 식욕 및 의욕 상실 등으로 나타나기도 한다. 우울 중

상은 특히 자살의 전조가 될 수 있기 때문에 주의를 기울여야
한다.

(4) 성격장애

혼히 대인관계에 지속적인 문제가 있을 때 성격장애personality
disorder를 고려해볼 수 있으나, 만일 외상 사건 후에 대인관계
문제가 시작되었다거나 또는 더 악화된 경우에는 성격장애가
아니라 외상후 스트레스 장애 진단을 고려해야 한다.

(5) 해리장애

해리장애dissociative disorder의 주요 증상은 해리성 기억상실
증, 해리성 정체감 장애, 이인증이나 비현실감 같은 것이 있
다. 이런 증상들은 외상 사건에 노출된 이후 생길 수 있고 외
상후 스트레스 장애의 다른 증상들과 동반될 수도 있다. 따라
서 만일 외상후 스트레스 장애의 모든 증상 기준에 다 부합되
고 해리 증상이 있는 경우라면 외상후 스트레스 장애의 하위
유형인 "해리 증상을 동반한 외상후 스트레스 장애"로 진단할
수 있다.

(6) 전환장애

뇌에 신경학적 문제가 없으면서도 심리적인 이유로 신경학

적 증상_{마비나 보행장애} 등이 생기는 것이 전환장애_{conversion disorder}다. 그러나 외상 사건의 맥락에서 이러한 신체 증상들이 생겼다면 이는 전환장애가 아니라 외상후 스트레스 장애를 고려해야 한다.

(7) 정신증 장애

외상후 스트레스 장애의 플래시백은 조현병_{schizophrenia}이나 단기 정신증적 장애, 기타 정신증 장애, 또는 정신증을 동반한 기분장애, 섬망, 물질 남용 등에서 흔히 나타나는 환청, 망상 등과는 구별되어야 한다.

(8) 외상성 뇌손상

외상성 뇌손상_{traumatic brain injury}은 사고로 인해 뇌손상이 발생한 경우를 말한다. 즉, 실례로 머리 부위에 충격이 가해지는 경우다. 외상성 뇌손상 이후 외상후 스트레스 장애의 증상이 일부 나타날 수 있다. 뇌진탕 후 생기는 다양한 증상_{예: 두통, 어지럼증, 소리나 빛에 예민해짐, 집중력 곤란}이 외상성 뇌손상에서도 나타날 수 있고 외상후 스트레스 장애에서도 나타날 수 있으므로, 재경험이나 회피 증상이 주가 되면 외상후 스트레스 장애로, 반면 지남력이나 의식혼란이 주가 되면 외상성 뇌손상으로 진단할 수 있다. ◆

5. 외상후 스트레스 장애의
유병률, 경과, 하위 유형

1) 외상후 스트레스 장애의 유병률

유병률prevalence은 전체 인구 중 특정한 정신장애를 지니고 있는 사람들의 비율을 의미한다. 이러한 유병률은 시점이나 기간에 따라 다양하게 나뉠 수 있다. 즉, 현재 시점에서 특정한 정신장애를 지니고 있는 사람들의 비율을 의미하는 시점 유병률point prevalence, 일정 기간예: 과거 6개월 동안, 과거 1년 동안 등에 특정한 정신장애를 경험한 사람들의 비율을 의미하는 기간 유병률period prevalence 그리고 평생 특정한 정신장애를 한 번 이상 경험한 사람들의 비율을 의미하는 평생 유병률lifetime prevalence 이 있다.

외상후 스트레스 장애의 유병률에 대한 연구는 DSM-III

출판 이래로 연구 논문에 등장하였다. DSM-IV 기준에 따르면 미국 내 75세 기준으로 평생 유병률은 8.7%다. 미국 성인을 대상으로 12개월 유병률은 대략 3.5% 정도가 된다고 한다. 유럽이나 아시아, 아프리카, 라틴 아메리카 등의 지역에서의 유병률 추정치는 0.5~1.0% 정도로 조금 더 낮다고 한다(APA, 2013).

노출되는 외상 사건의 심각도가 유병률에 영향을 미칠 수 있으며, 외상 사건에 노출될 위험이 높은 직업군(예: 경찰, 소방관, 군인, 구조대원 등)에서 외상후 스트레스 장애 유병률이 높다. 특히 강간, 전투 참가와 포로 경험, 정치적이거나 인종적인 구금과 학살 생존자들에게서는 33~50% 정도에 해당하는 높은 발병률을 보이기도 한다.

외상후 스트레스 장애 유병률은 발달 과정에 따라 달라지기도 한다. 외상 사건에 노출되더라도 아동이나 청소년은 유병률이 낮은 편으로 보고되었다. 그런데 이는 기존의 진단기준이 아동에게 잘 적용되지 않았기 때문일 수 있다. 노년층의 경우에도 완전한 외상후 스트레스 장애 발병은 다소 덜한 편인데, 노인에게는 완전한 증상이 나타나기보다는 다소 약한 양상으로 나타나는 것 같다.

인종적 차이에 대한 연구를 살펴보면, 비라틴계 백인인 미국인에 비해 라틴계 미국인, 아프리카계 미국인, 아메리카 인디언, 아시아계 미국인에게서 더 높은 외상후 스트레스 장애 발병률이 보고되었다.

 2012년 전국 경찰관 스트레스 조사 결과

직무와 관련한 경찰관들의 트라우마는 이미 심각한 수준이다. 2012년 경찰청에서 경찰관 1만 7,000여 명을 대상으로 외상후 스트레스 장애 실태 조사를 한 결과, 응답자의 82.4%인 1만 4,271명이 외상 사건을 경험했고 37.2%인 5,309명이 고위험군에 해당하는 것으로 나타났다.

외상 사건의 충격 및 외상후 스트레스 장애 증상을 점수화한 IES-R-K 조사에 따르면, 계급별로 경장 21.86점, 경위 21.83점, 경사 21.39점 순으로 점수가 확인됐다. 현장 출동이 많은 계급들이 참혹한 현장에 쉽게 노출돼 외상후 스트레스 장애로 이어진다는 것을 알 수 있다. 이뿐만 아니라 모든 사건 사고를 최초로 접하는 지구대 경찰의 IES 점수는 23.34점으로 가장 높고, 그 뒤를 이어 생활 안전 22.33점, 형사 21.51점, 교통 20.17점 순으로 나타나, 현장 경찰들 대부분이 외상후 스트레스 장애에 시달리고 있는 것으로 나타났다.

> **🔑 구제역 살처분으로 인한 외상후 스트레스 장애에**
> **시달리는 공무원, 축산인, 군인들**

2010년 자료에 의하면, 서울, 광주, 대전, 울산, 전남, 제주를 제외한 10개 시도에서 구제역 발생으로 소, 돼지 등 318만여 마리가 살처분됐으며, 이를 위해 연 인원 기준 공무원 5만6,377명, 민간인 3만 2,411명이 살처분 작업에 동원됐지만 외상후 스트레스 장애 상담은 전체의 1.7%에 그쳤다.

상담을 받은 공무원과 축산인들은 '계속 눈물이 남' '깊이 잠들 수 없음' '동물 울음소리가 들림' 등의 고통을 호소하고 있어 아직 상담에 나서지 않은 시도 관계자들에 대한 신속한 조치가 요구되고 있다.

2) 외상후 스트레스 장애의 경과

외상후 스트레스 장애는 어느 연령대에서든 발병할 수 있다. 증상은 외상 사건 노출 이후 3개월 이내에 나타난다.

외상 사건에 대한 반응은 외상 사건 직후에 급성 스트레스 장애의 진단기준을 우선 충족시킨다. 급성 스트레스 장애와 외상후 스트레스 장애의 증상은 거의 유사하며, 다만 증상 기간에서 차이가 나기 때문이다. 급성 스트레스 장애의 경우, 부적응 증상들이 3일 이상 1개월 이내의 단기간 지속될 때 진단

된다. 따라서 1개월 이내에는 먼저 급성 스트레스 장애로 진단하고, 1개월이 지나도록 증상이 개선되지 않을 경우에는 외상후 스트레스 장애로 진단하는 것이다.

증상들은 심각도나 상대적 강도에서 시간에 따라 달라질 수 있다. 증상의 기간도 달라질 수 있는데, 외상 사건에 노출된 성인들 중 절반은 3개월 이내에 완전히 회복된다. 그러나 어떤 사람은 1년 이상 증상이 남아있을 수도 있고 심하게는 50년 동안 증상이 지속되는 경우도 있었다. 좋아진 경우라도 원래 외상 사건을 떠올리게 하는 사건을 경험하거나, 생활 스트레스가 증가하거나, 또는 새로운 외상 사건에 노출될 경우 재발 혹은 더 악화될 수도 있다. 노인들의 경우 신체 건강과 인지기능이 저하되고 사회적으로 고립되기 때문에 외상후 스트레스 장애 증상이 악화될 수 있다.

여기서 3개월 시점은 매우 중요하다. DSM-IV에서는 외상후 스트레스 장애 증상이 3개월 이내로 지속되는 경우를 급성 외상후 스트레스 장애, 3개월 이상 지속되는 경우를 만성 외상후 스트레스 장애로 규정하였다. 그런데 DSM-5에서는 이런 구분이 없어졌다. 3개월 시점의 의미는 급성이냐 만성이냐를 구분하는 것보다는, 누구라도 외상성 사건에 노출되었을 경우 증상이 적어도 3개월 정도는 나타날 수 있다는 것이다. 다시 말해, 외상성 사건에 노출된 후 3개월 정도 외상후 스트레스 증상으로 고통받는 것은 자연스럽다는 의미다. 따라서 외상후 스트레스 장애 증상에 대해 교육할 때는 3개월 시점을 잘 설명해줄 필요가 있다. 지금 당장은 고통스럽지만, 대부분의 경우에는 3개월 정도 이내에 증상이 자연스럽게 사라질 것임을 알려주는 것이다.

참고로, 간혹 증상이 수개월 정도 지연되거나 수년이 지난 후에 시작되는 경우도 있다. DSM-5에서는 6개월 이후에 진단기준이 충족되는 경우를 '외상후 스트레스 장애, 지연된 표현PTSD, with delayed expression'이라고 세부적으로 진단한다. 외상후 스트레스 장애의 지연 유형은 조금 덜 일반적이지만, 최근의 연구들에 의하면 이 유형도 상당하다고 한다. 이 유형은 제시된 사례를 살펴보면 이해하기가 쉬울 것이다. 물론 모든 증상이 수개월에서 수년 정도 지연되어 나타나는 것은 아니다. 일부 증상은 즉시 나타나지만 수개월이 지나서 진단기준을 완전히 만족시킬 정도가 된다는 뜻이다.

지연성 외상후 스트레스 장애: 메모리

A는 67세의 정통파 유대교인 기혼 여성이다. 그녀의 문제는 6개월 전 15년 동안 일해오던 드레스 공장에서 화재가 난 이후 시작되었다. 화재는 크지 않았고 쉽게 진화되었으나 합성섬유가 타면서 난 매우 고약한 냄새가 공장에 번졌다. A는 화재 사건 이후 복통을 호소하였고 욕지기와 심장박동 이상 증세가 나타났다. 의사는 혹시 천식이나 심장질환이 아닐까 의심하여 그녀를 입원시켰다. 그러나 신체적 질병의 증거는 아무것도 찾아내지 못하였다. A는 집으로 돌아왔지만 우울감을 느꼈고, 아파트 밖으로 나가는 것이 너무나 두렵게 느껴져 일하러 갈 수가 없었다. 2개월 전 그녀의 소송이 기각되었을 때부터 증상은 더욱 악화되었다. 그녀는 계속 집에 머물면서 요리와 청소를 하였으나 다른 어떤 일에도 흥미를 느낄 수가 없었다.

정신과 면접에서 그녀는 다소 우울하게 보였고, 위원회에서 뭐라고 결정을 내리든 간에 다시는 일할 수 없을 것 같다고 말하였다. 그녀는 집에서는 안락하고 안전하게 느꼈지만 밖으로 나가야 할 때는 걱정과 염려가 들기 시작했다. 그러나 그녀는 정확히 무엇이 걱정되는지는 말할 수가 없었다. 남편이 동행하여 가까운 가게에 갈 때에는 아무런 문제가 없었다. 하지만 의사를 만나러 다른 마을에 간다거나 할 때는 남편이 동행해도 소용이 없었다. 그녀는 남편의 구레나룻과 전통의상이 비유대인들에게 적대감을 불러일으키지나 않을까 항상 염려하였다.

밤에는 40년 전 포로수용소에서의 기억이 자주 꿈에 나타나 잠을 잘 이룰 수가 없었다. A는 낮에도 이런 기억들에 대해 골똘히 생각하곤 하였고, 그러다 보니 책을 보아도 전혀 집중할 수가 없었다.

A는 왜 이런 증상들이 화재 사건 이후에 나타나기 시작하였으며 자신이 '죽은 사람'처럼 느껴지는지 이해할 수가 없었다. 화재 사건 전에는 자신이 특별히 '행복한' 사람은 아니지만 '능력 있는' 여자라고 믿고 있었다. 그녀는 항상 전쟁만 아니었더라면 자신의 인생이 얼마나 달라졌을지에 대하여 생각하곤 하였다. 그러나 그녀는 이런 생각들이 자신을 괴롭히는 것은 아니라고 한다. 치료자는 그녀에게 포로수용소 생활에 대하여 이야기해달라고 요청하였다.

그녀는 1943년 17세의 나이로 아우슈비츠에 있었다고 한다. 젊고 건강한 여성이었기 때문에 그녀는 수용소의 의사에게 선택되었다. 그녀는 수백 명의 다른 여성들과 함께 옷을 벗고 지시를 기다리라는 명령을 받았다. 수용소가 극도로 과밀화되자 그들은 유리창도 없는 이상한 방으로 떠밀려졌다. 몇 시간 후 다른 곳으로 이송되었을 때, 그녀는 자신과 다른 여성들이 잠시 동안 있었던 곳이 가스실이었다는 사실을 알게 되었다. 공장에서의 화재로 인한 연기가 가스실의 기억을 되살려 놓았다는 사실을 알게 된 그녀는 서럽게 울기 시작했다.

3) 외상후 스트레스 장애의 하위 유형

DSM-5에서는 외상후 스트레스 장애가 해리 증상들이 나타나는 경우를 특수한 하위 유형으로 언급하였다. DSM-5에서 진단기준과 함께 하위 유형에 대해 설명한 부분을 살펴보자.

외상후 스트레스 장애 진단기준: 하위 유형

A. 외상 및 외상 사건의 규정
B. 외상 사건과 관련된 침투 증상
C. 외상 사건과 관련된 자극 회피
D. 외상 사건에 관련된 인지와 감정의 부정적 변화
E. 외상 사건과 관련된 각성과 반응성의 현저한 변화
F. 증상 기간 1개월 이상
G. 장해로 인한 사회적, 직업적 또는 중요한 기능 손상
H. 장해는 약물이나 신체적 질병에 의한 것이 아니어야 함

Specify whether:
해리 증상을 동반한 외상후 스트레스 장애(PTSD with dissociative symptoms): 개인의 증상이 외상후 스트레스 장애 진단기준을 만족시킬 뿐 아니라, 이에 더하여 개인이 다음의 둘 중 하나 이상을 지속적이고 반복적으로 경험하는 경우

1. 이인증(depersonalization): 모든 것이 낯설게 느껴지고 마치 자신이 자기의 신체나 정신을 외부에서 관찰하는 것처럼 느끼는 경우(예: 마치 꿈속에 있는 것처럼 느낌, 자기 또는 신체가 비현실적으로 느껴지거나, 또는 매우 느리게 시간이 흘러가는 것처럼 느낌)
2. 비현실감(derealization): 지속적이고 반복적으로 주변 환경이 비현실적으로 경험되는 경우(예: 자신을 둘러싼 세상이 비현실적이거나, 꿈이거나, 멀게 느껴지거나, 또는 왜곡된 것처럼 느껴짐)

> ※ 주: 이 하위 유형을 규정하려면, 해리 증상은 물질에 의한
> 생리적 효과에 의한 것(예: 알코올중독으로 인한 일시적 기
> 억상실) 또는 다른 의학적 조건(예: 의식 변화가 동반되는
> 부분 간질 발작)에 의한 것이 아니어야 함
>
> Specify if:
> 지연된 표현: 외상성 사건 이후 6개월이 지나서 전체 진단기
> 준이 만족되는 경우

해리dissociation는 감각이나 지각 또는 기억 등이 의식과 분리
되는 현상인데, 해리 증상에도 다양한 것이 있다. 여기에서 소
개하는 이인증이나 비현실감 외에도, 인격과 인격이 분리되
는 다중인격, 자신이 누구인지가 기억과 분리되는 해리성 기
억상실 등이 있다. 앞에서 언급한 참전용사의 플래시백도 일
종의 해리 증상이다. 이것이 과거의 경험인지 현재의 일인지
구분하지 못하고, 자신이 무엇을 어떻게 하고 있는지조차 잘
모르기 때문이다.

그런데 왜 DSM-5에서는 외상후 스트레스 장애의 진단에
서 이인증이나 비현실감 증상이 동반된 경우를 하위 유형으로
별도로 지정해 놓았을까? 그것은 아마 이 증상들이 생기는 경
우가 독특한 경우이며, 따라서 치료 계획을 세울 때도 차별화
할 필요성이 있기 때문일 것이다. 이인증이나 비현실감 증상

은 현실의 끈을 놓는 것 같은, 즉 인간 정신의 현실감과 통제력이 무너지는 증거이므로 별로 좋은 현상이 아니다. 외상 사건을 경험한 이후 이인증이나 비현실감이 나타날 때 경과는 좀 더 만성적이 된다고 한다(권석만, 2014). ❧

6. 아동의 외상후 스트레스 장애

1) 아동의 외상후 스트레스 장애 진단기준

아동에게서 나타나는 외상후 스트레스 장애는 성인의 외상후 스트레스 장애와 다소 다른 특징을 나타낸다. 아동은 성인과 달리 다양한 인지적 · 사회적 기술이 발달하지 않았고 표현방식이 미숙하기 때문에 성인의 증상 양상을 그대로 적용하면 안 된다.

그런데 아동은 몇 살까지를 의미하는 것인가? 우리나라 「아동복지법」에서는 '아동이라 함은 18세 미만의 자를 말한다'고 규정하고 있는데 이는 아동기를 다소 광범위하게 규정하는 것이다. 흔히 초등학교 졸업 연령인 12세 이전을 아동기라고 보며, 중학교 입학 연령인 13세부터 고등학교 졸업 연령인 18세까지는 청소년기로 따로 구분한다. 미국 「형법」에서도 아동을 12세 미만으로 규정하고 있다. 따라서 아동기라 하면 12세 정도까지로 볼 수 있을 것이다.

(1) 진단기준

DSM-5에서는 외상후 스트레스 장애 진단기준에서 어린 연령대의 경우 증상이 다르게 나타날 수 있음을 설명하고 있다. 예를 들어, 성인 진단기준 B-1을 보면 침투 증상에 대해 설명할 때, '단 6세를 넘긴7세 이상 아동에게서는 외상 사건의 측면이나 주제가 놀이에서 반복적으로 나타날 수 있다'고 부언하였다. 이는 7세부터 12세 정도까지의 아동에 대해서는 성인의 진단기준에 부언된 설명을 참조하면 된다는 뜻이다.

한편, 6세 이하의 아동에 대한 것은 또 다를 수 있다. 아동기 중에서도 더욱 어린 연령으로 아직 인지 발달이 진행 중이며 자기개념이 확립되지 않았고 자아기능이 미성숙한 상태다. 그래서 DSM-5에서는 7~12세 아동의 경우 성인의 진단기준에 설명을 부연하였지만, 6세 이하의 아동에 대해서는 진단기준을 따로 마련하였다. 다음의 진단기준을 살펴보자.

6세 이하 아동을 위한 외상후 스트레스 장애 진단기준

A. 6세 이하 아동에게서, 실제적인 것이든 위협을 당한 것이든 죽음, 심각한 상해 또는 성적인 폭력을 다음 중 한 가지 이상의 방식으로 경험한다.

(1) 외상 사건을 직접 경험하는 것

(2) 외상 사건이 다른 사람, 특히 주 양육자에게 벌어지는 것을 직접 목격하는 것

　※ 주: 전자매체, TV, 영화, 사진을 통한 것이 아님

B. 외상 사건과 관련된 침투 증상이 다음 중 한 가지 이상 나타난다.

(1) 외상 사건에 대한 고통스러운 기억의 반복적이고 침투적인 경험

　※ 주: 자연스럽게 침투하는 기억들은 괴롭게 느껴지지 않을 수도 있으며, 놀이로 재연되어 표현될 수 있음

(2) 외상 사건과 관련된 고통스러운 꿈의 반복적 경험

　※ 주: 악몽의 내용이 외상 사건과 관련된 것인지 확실하지는 않음

(3) 외상 사건이 실제로 일어난 것처럼 느끼고 행동하는 해리 반응(예: 플래시백) (현실 상황 인식 수준에 차이가 있으며, 가장 심한 경우 현실 상황을 전혀 인식하지 못함). 이러한 외상–특정적 재연이 놀이에서 나타날 수도 있음

(4) 외상 사건과 유사하거나 그러한 사건을 상징하는 내적 또는 외적 단서에 노출될 때마다 강렬한 심리적 고통을 경험

(5) 외상 사건을 상기시키는 단서들에 대한 심각한 생리적 반응

C. 다음 증상 중 한 가지 이상으로, 외상 사건과 관련된 자극 회피 또는 외상 사건에 관련된 인지와 감정의 부정적 변화가 다음 중 한 가지 이상 나타난다. 이러한 변화는 외상 사건이 일어난 후에 시작되거나 악화될 수 있다.

지속적인 자극 회피
(1) 외상 사건을 떠올리게 하는 활동, 장소, 물리적 단서를 회피하거나 회피하려는 노력
(2) 외상 사건을 떠올리게 하는 사람, 대화, 대인관계 상황을 회피하거나 회피하려는 노력

인지의 부정적 변화
(3) 부정적인 정서 상태(예: 공포, 죄책감, 슬픔, 수치심, 혼란스러움 등)의 경험 빈도가 상당히 증가함
(4) 의미 있는 활동, 예를 들어 놀이와 같은 활동에 흥미나 참여가 심각하게 제한됨
(5) 사회적으로 위축된 행동
(6) 긍정 정서의 표현이 지속적으로 감소함

D. 외상 사건과 관련하여 각성과 반응성의 현저한 변화가 다음 중 2가지 이상 나타난다. 이러한 변화는 외상 사건이 일어난 후에 시작되거나 악화될 수 있다.
(1) (자극이 없는 상태이거나 사소한 자극에도) 짜증스러운 행동이나 분노 폭발(극심한 떼쓰기 포함)
(2) 과도한 경계
(3) 과도한 놀람 반응

(4) 집중의 곤란

(5) 수면 장해(예: 잠들기 어렵거나, 수면 상태를 유지하기 어
렵거나, 수면 시 자주 깸)

E. 장해가 1개월 이상 나타난다.

F. 이러한 장해로 인해서 심각한 고통이 유발되거나 부모, 형
제, 또래 및 다른 양육자와의 관계 및 학교 행동에 현저한
손상이 나타난다.

G. 이러한 장해는 약물이나 신체적 질병에 의한 것이 아니어
야 한다.

(2) 유병률

진단기준과 함께 유병률도 살펴보자. 성인의 경우 외상을
겪은 모든 사람이 외상후 스트레스 장애로 이어지지는 않는
다. 그런데 아동에게는 이 비율이 훨씬 높아진다. 한 초기 연
구에서는 버팔로강 범람으로 인해 피해를 입은 224명의 아동
대부분이 정서적으로 심각하게 영향을 받았다고 보고하였다
(Newman, 1976). 1980년대 이후에 이루어진 연구를 살펴보
면, 프레드릭(Frederick, 1985)은 50명의 재난 피해 아동과
50명의 신체적 학대 피해 아동 등 150명의 아동을 연구한 결
과, 약 77%에 해당하는 아동들이 외상후 스트레스 장애로 진

단되었다고 보고하였다. 그러나 같은 평가 절차를 이용하여 다양한 외상을 겪은 성인 피해자 300명을 평가해보았을 때는 성인 중 57%만이 외상후 스트레스 장애로 진단되었다고 한다 (Frederick, 1985).

이 밖에도 아로요Arroyo와 에뜨Eth(1985)는 전쟁을 겪은 30명의 아동을 조사했을 때 1/3이 외상후 스트레스 장애로 진단된다고 하였으며, 킨지(Kinzie, 1986)는 캄보디아 난민 아동 40명을 조사했을 때 50%가 외상후 스트레스 장애로 진단된다고 하였고, 맴퀴스트(Malmquist, 1986)는 부모 살해 관련 장면을 목격한 16명의 아동이 100%로 외상후 스트레스 장애로 진단된다고 하였다. 이와 관련하여 아동이 겪는 외상 사건 중 폭력이 동반될 때 아동은 더 심각하게 영향을 받는다는 프레드릭(Frederick, 1985)의 언급에 주목할 필요가 있다.

(3) 증상의 차이

아동이 성인과 다른 증상을 보이는 것은 아동과 성인 사이에 다양한 인지적·정서적 차이가 존재하기 때문이다. 차우칠라 스쿨버스 납치 사건의 피해 아동 등 50명을 조사한 테르(Terr, 1979, 1983a, 1983b)에 의하면, 아동들은 성인과는 달리 외상을 모두 잊어버릴 수 없다고 한다. 즉, 방어기제가 충분히 발달하지 않았다는 것이다. 예를 들어, 부인과 대량억압은 무의식적으로 고통스러운 감정이나 기억을 피하는 것이다. 일상의 경험을 부인하거나 억압하는 것은 결코 좋은 것은 아니나, 감당할 수 없을 정도로 끔찍한 경험이라면 부인하거나 억압의 기제가 작동하여 자아를 보호할 수 있을 것이다. 그런데 성인이 현실을 회피avoidance하거나 부인denial할 수 있는 데 반해 아동은 현실을 부인하지 않는다. 또한 아동은 대량억압massive repression을 사용하지 않으며 정신적 마비를 보이지 않는다고 한다.

아동은 성인과는 달리 외상적 사건을 겪은 지 얼마 되지 않아서 바로 증상이 나타날 수 있다. 외상 후 몇 달만 지나도 아동은 학교 수행에서 서서히 어려움을 나타낸다. 이는 성인이 장기적으로 문제를 보이는 것과는 대조적이다. 외상의 재현도 아동에게서 훨씬 빈번하게 발생한다. 시간의 왜곡은 아동에게서 좀 더 일반적이고 더 극적으로 나타나며, 미래에 대한 단축된 시각을 보이는 것도 성인보다는 아동에게서 나타나는 주요 특징이다.

이와 관련하여 프레드릭(Frederick, 1985)은 외상적 위기 후의 외상후 스트레스 장애 발병 가능성에 대해 임상가들과 부모에게 경고 신호가 되는 일반적인 현상을 다음과 같이 제시하였다.

- 며칠 이상 계속 잠을 이루지 못한다. 이때 외상 사건에 대한 꿈은 있을 수도 있고 없을 수도 있다.
- 학교로 돌아가는 것을 주저하는 등 분리불안과 매달리기 행동을 보인다.
- 외상 사건의 피해를 상기시키는 고통자극, 예를 들어 학교 건물, TV 장면, 사람들에 대한 공포증을 보인다.
- 집 또는 학교에서 폭력적 행동, 무단결석, 깡패짓 등의 품행장애를 보인다.
- 자신에 대한 의심 및 신체 혼란 등이 나타나고, 자기가치감이 무너지는 양상을 보이며, 사회적 상황에서 회피하고자 하는 바람 등에 대해 언급한다.
- 흔하지는 않지만, 아동은 외상사건으로 죽은 친구나 가족의 유령을 보았다고 말하기도 한다.

(4) 부모의 반응

부모가 어떻게 반응하는지는 아동이 외상적 사건을 대처하는 데 큰 영향을 미친다. 지지적이고 관심을 보이는 부모는, 관심이 너무 지나쳐 아동에게 피해를 줄 정도가 아니라면 아동의 대처에 큰 도움을 줄 수 있다. 그러나 부모의 극성스러운 대처나 강압적인 반응은 아동에게 주요한 스트레스의 원천으로 작용할 수 있다(Nir, 1985).

예를 들어, '공격적 추구자aggressive pursuers'라고 명명된 유형의 부모는 아동의 소망이나 요구는 완전히 무시한 채 이곳저곳 좋은 병원들을 돌며 최고의 치료를 찾아다닌다. 이러한 적극적 추구자는 아동의 외상 경험을 증폭시킨다. 그들의 맹렬한 활동은 아동의 취약성에 대한 느낌을 증가시키고 의료기관에 대한 아동의 신뢰를 갉아먹을 뿐이다.

매우 지적이고 강박적인 부모 역시 아동의 스트레스를 증가시킬 수 있다. 이들은 의료 상황에 과도하게 개입하는 경향이 있고, 전문의들의 판단을 계속 확인하며 의심한다. 이러한 행동으로 치료진들과 적대적이고 방어적인 분위기를 형성하게 된다. 이들의 행동은 또한 아동에게 의사는 믿을 만한 존재가 아니라는 메시지를 전달하게 되는데, 이 역시 아동의 불안을 증가시킨다고 한다.

이와는 대조적으로 적응적인 부모의 대처 반응은 아동의 스트레스를 경감시킬 수 있다. 의사들과의 치료적인 동맹을 발달시킬 수 있는 부모나 강한 종교적 신념을 지닌 부모는 아동이 겪게 될 질병과 치료의 고통 및 스트레스를 경감시켜줄 수 있는 것으로 보인다.

스트레스에 대한 아동의 반응 보고에서 점차 명백하게 드러나고 있는 한 가지 패턴은, 부모는 아동 자신이 지각하는 만큼 아동의 고통을 지각하지 못한다는 것이다. 아동 납치 사건

아동의 외상후 스트레스 장애: 저격수

L은 일곱 살의 소녀다. 담임교사는 L이 수업시간 중에 눈물을 자주 글썽이고, 성질을 잘 내며, 집중을 하지 못한다는 이유로 심리평가 기관에 의뢰하였다. 사건은 두 달 반 전에 일어났다. 당시에 L은 다른 학생들과 함께 학교 운동장에서 놀고 있었는데, 한 괴한이 이들에게 무자비하게 총격을 가했다. 15분이 넘는 시간 동안 괴한에 의해 한 아이가 숨지고 여럿이 부상당했다. 총격은 멈추었지만, 경찰이 괴한의 아파트에 들어가 자살한 그를 발견할 때까지 아무도 그 자리에서 움직이지 않았다. 총격에 의해 죽은 아이는 L이 잘 모르는 아이였다.

담임교사에 따르면 L은 그 사건이 있기 전에는 다소 부끄럼을 타기는 했지만 활기차고 품행이 바른 착한 학생이었다고 한다. 사건이 있은 후 며칠 지나지 않아서 L의 행동에 주목할 만한 변화가 생겨났다. 친구들로부터 멀어졌고 친구들이 말을 걸기만 하면 그들과 언쟁을 벌였다. L은 공부에는 무관심한 듯 보였으며, 수업에 집중해야 할 때는 매우 괴로워 보였다. L은 또 교내방송 중에 잡음이 나오거나 수업 중에 사용되는 플래시카드*에 아이들이 대답을 할 때마다 펄쩍 뛰었다.

학교에서 의뢰를 요구하자 L의 부모는 다소 안심하는 듯하였다. 왜냐하면 부모는 L을 어떻게 도와야 할지 몰랐기 때문이다. 부모가 그 사건에 대해 물어볼 때마다 L은 침묵으로 일관하였다. 집에서 L은 화를 잘 내고 논쟁적이 되었으며, 매달리거나 두려워하거나 침울하게 변해갔다. L은 또 새로운 상황

* 수업 중에 교사가 단어, 숫자, 그림 등을 순간적으로 보여주는 빠른 연습용 카드

들에 대해 걱정하고, 혼자 있으면 두려워했으며, 부모가 항상 화장실에 따라가주거나 같이 잠자리에 들기를 원했다. L은 항상 피곤한 듯 보였고, 사소한 신체 증상에도 불평하고, 청결을 지나치게 신경썼다. 잠잘 때도 L은 깊이 잠들지 못했고, 자는 도중에 간헐적으로 울음을 터뜨리기도 하였다. L의 부모는 L이 전혀 의식하지 못한 채로 달리는 차들 앞을 걸어다니는 것을 보고서 매우 심각하게 여겼다. 한편, L은 이전에 즐기던 다른 게임들에는 흥미를 상실했지만, 형제들과 병원놀이하는 것은 즐기곤 했다. L의 역할은 항상 붕대를 감은 환자였다.

면접에서 그 사건에 대한 질문을 받았을 때 L은, 총 소리를 듣고 얼마나 절박하게 쓰레기통 뒤로 숨으려고 했는지, 그리고 심장이 두근거리고 머리가 아파서 얼마나 혼란스러웠는지에 대해 이야기하였다. 한 아이가 운동장에 피를 흘리며 쓰러져 움직이지 않았던 장면을 L은 생생하게 이야기하였고, 총 소리가 멈추고서야 안심이 되었다고 말하였다. L은 운동장에서 피를 흘리며 쓰러져 있는 여자아이의 이미지가 자꾸만 떠오른다고 하였다. 그 사건에 대한 생각 때문에 집중을 할 수가 없었지만, L은 다른 무엇인가를 생각하려고 노력하였다. 최근에 L은 수업시간에 교사가 무슨 말을 했는지를 잘 기억하지 못하였다.

L은 더 이상 그 사건이 일어났던 운동장 근처에서는 놀지 않는다. 휴식시간이나 방과후에도 절대 운동장을 가로질러 가려고 하지 않으며, 괴한의 아파트가 있는 거리 근처에도 가려고 하지 않는다. L은 금요일에 특히 공포에 질리는데, 바로 그 사건이 일어났던 날이 금요일이었다. 부모는 L을 안심시키려고 하였지만, L은 자신이 느끼는 바를 부모에게 잘 말할 수 없었다.

을 다룬 연구에 의하면, 납치되었던 아동에게 심리치료를 받게 한 부모는 아무도 없었으며, 이들은 아동이 겪은 외상을 과소평가했다고 한다(Terr, 1983a). 이러한 부모의 경향은 재난의 영향을 부인하려는 시도로 해석될 수도 있다. 또 문화적으로 고통을 조용히 감수하려는 가치관을 가졌기 때문일 수도 있다. 그들은 '긁어 부스럼'이 될까 봐 걱정하는지도 모른다.

가장 중요한 것은, 다양한 문제를 지닌 아동의 부모는 아동이 겪는 스트레스의 정도를 평가하는 데 있어서 아동보다 정확하지 못하다는 것이다. 따라서 부모뿐 아니라 아동으로부터 얻은 자료도 매우 중요하게 다루어져야 한다.

2) 아동학대와 외상후 스트레스 장애

앞에서 아동의 외상 경험 및 증상 그리고 부모의 반응에 대해 간략히 살펴보았다. 그런데 만일 부모가 아동에게 외상을 입힌 주요 인물이라면 어떻게 될까? 어린 아동을 보호하고 보살펴야 할 부모가 정작 아동에게 외상 충격을 주는 원천이라면? 생각만 해도 끔찍한 일이다. 그런데 아동의 외상후 스트레스 장애를 살펴볼 때는 이 부분을 꼭 짚고 넘어가야 한다.

최근 애착 외상(Allen, 2005)이나 발달적 외상 장애developmental trauma disorder(van der Kolk & Courtois, 2005)라는 용어가 등장

하였다. 이런 용어는 아동이 낯선 타인이 아니라 가까운 가족 내에서 또는 부모의 학대나 방임으로 심각하게 상처받고 트라우마를 입는 경우에 해당되는 것이다. 2001년 미국의 아동학대 보고서에 따르면 매년 3백만 명 이상의 아동이 학대나 방임으로 신고되는데, 이때 아동학대자의 약 80%는 아동의 부모라고 한다. 대개 부모의 학대나 방임은 피하기 어렵고 반복성이 강하기 때문에 아동의 정신에 지속적이고 광범위한 영향을 미칠 것이다. 우리나라 보건복지부(2011)에서 실시한 아동학대 실태 조사에 따르면 최초 학대 이후 2년 이내에 거의 대부분의 학대 사건이 재발생한다고 한다. 즉, 아동학대로 인한 외상은 일회적이 아닌 반복적 외상경험에 의해 생기는 것이다.

일회성이 아닌 반복적 대인외상에 대한 관심은 점점 증가하고 있다. 반복적이거나 만성적인 대인 간 외상은 복합외상 complex trauma(Herman, 1992) 또는 Type II 외상이라고도 부른다(Terr, 1991). 물론 이것이 꼭 아동학대에만 해당하는 것은 아니다. 복합외상의 개념을 처음 제안한 주디 허먼(Judy Herman, 1992)은, 개인이 구금 상태에 놓이게 되고, 가해자의 통제를 벗어날 수 없게 되는 경우를 복합외상을 촉발하는 상태로 보았다. 예를 들어, 난민수용소나 전쟁포로 수용소, 감옥 등에서 인권이 심각하게 침해되는 경우도 해당될 수 있다. 허먼(Herman, 1992)은 복합 외상후 스트레스 장애의 증상을 다음과 같은 7가지로 제안한 바 있다(Williams & Poijula, 2009에서 재인용).

- 감정과 충동조절의 극심한 변화: 정서조절 곤란, 분노조절 곤란, 자기파괴적이거나 충동적이고 위험을 감수하는 행동
- 주의 또는 의식의 변화: 기억상실이나 일시적 해리 증상
- 신체화: 만성통증이나 소화기 계통의 문제, 공황, 성적인 증상 등
- 자기 지각의 변화: 만성적인 죄책감, 수치심, 자기비난, 자신이 영원히 상처받았다는 느낌과 누구에게도 이해받지 못한다는 느낌 등
- 가해자에 대한 지각의 변화복합 외상후 스트레스 장애 진단에 필수적인 것은 아님: 가해자에 대한 이상화를 하거나 가해자의 왜곡된 신념을 받아들임
- 대인관계의 변화: 대인관계 불신, 의심
- 의미체계의 변화: 좌절감 및 절망감, 자신을 지탱하던 신념들을 상실함

이처럼 복합외상은 만성적이고 반복적인 대인외상을 의미하는데, 아동학대야말로 가장 대표적으로 복합외상을 초래하

는 외상경험이 될 수 있다. 학대하는 부모는 아동의 인격을 무시하며 자신의 소유물로 치부하고 자기 스트레스를 풀기 위해 아동에게 욕설이나 폭력을 사용한다. 학대로 인해 아동의 정신은 제대로 발달하지 못할 뿐 아니라 성인이 되어서도 다양한 후유증이 남게 될 것이다.

학대를 경험한 아동의 후유증에 대해 조사한 연구들은 학대가 아동에게 광범위하고 지속적인 영향을 미침을 확인해주고 있다. 즉, 아동기 외상은 행동, 정서 및 인지 문제를 복합적으로 일으킨다고 한다(Terr, 1991; Wolfe & Jaffe, 1991). 증상에 있어서도 우울, 정신장애, 충동조절이나 자기파괴적 행동 문제 등 다양한 증상을 보이며(van der Kolk, 2005), 주의력결핍 및 과잉행동장애ADHD, 외상후 스트레스 장애PTSD, 양극성 장애 등도 보고되었다(Sugaya, Hasin, Olfson, Lin, Grant, & Blanco, 2012). 아동기 외상은 성인기의 자기개념에 부정적인 영향을 미치고, 낮은 자존감과 경계선 성격 특성, 정서조절의 어려움 및 대인관계 문제와 관계가 있다고 한다(고나래, 2008; 이아람, 김남재, 2012; Cloitre, Miranda, Stovall-McClough, & Han., 2005; Lopez & Heffer, 1998; Wind & Silvern, 1992). 이 밖에도 청소년과 성인의 공격성과 폭력적 행동, 약물 남용, 자해와 자살행동, 정서적 문제, 대인관계 문제가 아동기 학대와 관련된다고 한다(Malinosky-Rummell & Hansen, 1993).

아동기 학대의 후유증이 더 심각한 것은 아동이 아직 신체적으로나 성격적으로 발달 과정 중에 있기 때문에 그러할 것이다. 아동의 자기개념은 아직 덜 확립되었고 신체나 정서 조절 능력도 부족하다. 가장 가까운 사람으로부터 상습적인 폭력에 노출되기 때문에 제대로 된 자기개념이나 자기존중감을 형성할 수 없을 것이다. 아동학대의 영향을 연구한 반 데어 콜크(van der Kolk, 2005)는 발달 중인 아동이 가까운 부모에게 트라우마를 입게 될 때, 첫째, 자기 자신이 온전하고 지속적이라는 느낌을 갖지 못하게 되고, 둘째, 정서나 충동조절을 잘하지 못하게 되며, 셋째, 타인과 세상에 대한 신뢰 및 예측가능성을 얻지 못하게 된다고 하였다. 참고로 반 데어 콜크(2005)가 발달적 외상 장애developmental trauma disorder: DTD라는 새로운 진단명을 제안한 이유는, 학대와 방임을 경험한 아동의 증상에 대한 다양한 진단이 가능하지만 이것을 일관적이고 통합적으로 치료할 수 있는 틀이 없어 새로 만들 필요가 있었기 때문이라고 한다. 추후 이 새로운 진단명이 널리 받아들여질지는 두고 볼 일이다. ◆

외상후 스트레스
장애는 왜 생기는가

2

1. 충격적이고 끔찍한 사건에 대한 스트레스 반응

이 장에서는 장애의 원인, 즉 병인론etiology에 대해 다룬다. 병인론에서는 심리적 원인, 신체적 원인, 환경적 원인 등 다양한 것을 다루는데, 흔히 정신장애 분야에서는 이들 중 어느 하나만 강조하는 것은 바람직하지 않다. 예를 들어, 특정 바이러스가 특정 장애를 일으킨다고는 보지 않는 것이다. 정신장애 분야에서는 다양한 원인을 통합적으로 고려하는 것이 중요하다.

그럼에도 외상후 스트레스 장애는 충격적이고 끔찍한 사건에 가장 먼저 초점을 맞추고 있다. DSM-5에서 첫 번째 진단 기준으로 외상 사건을 규정하고 있는 점을 보면 알 수 있다. 외상 사건의 특징은 죽음, 심각한 상해 그리고 성적 폭력의 경험이었다. 직접 경험하는 것 외에 목격하는 것도 포함된다. 그리고 사건의 강도가 세면 셀수록 외상후 스트레스 장애 발병률이 높아지는데, 예를 들어 사람이 그냥 죽는 장면이 아니라 처참하고 끔찍하게 죽는 장면을 목격했을 때 더 심각한 후유증이 생기는 것이다.

물론 어떤 장면이 더 충격적으로 다가오는지는 개인에 따라 다를 수 있다. 어떤 사람에게는 아무렇지도 않은 장면이 다른 사람에게는 끔찍하게 느껴질 수도 있다.

아무튼 이런 점을 고려할 때 외상후 스트레스 장애의 병인론은 충격적이고 끔찍한 사건이 인간에게 어떤 영향을 미치는지부터 살펴야 할 것이다.

1) 스트레스 반응 이론

외상 사건의 영향을 살펴보려고 할 때 기존의 스트레스 반응 연구가 도움이 될 것이다. 스트레스 반응stress response이란 스트레스가 개인의 적응능력을 넘어서게 될 때 나타나는 반응이다. 스트레스 반응의 선구자로 캐논(Cannon, 1932)은 '투쟁 또는 도피 반응'을 제안한 바 있다. 유기체가 사건을 위협으로 인지하면 신체는 재빨리 각성되고 교감신경계와 내분비계를 통해 동기화되는데, 이러한 종합적인 신체적 반응을 통해 유기체는 위협물을 공격하거나 위협물로부터 도망가게 된다는 것이다.

이러한 반응은 유기체가 위협에 빠르게 대처하도록 돕기 때문에 적응적인 측면이 있으나, 스트레스 반응이 진정되지 않고 지속되면 오히려 부작용이 생길 수 있다. 한스 셀리에 (Hans Selye, 1956)는 극도의 추위나 피로와 같은 다양한 스트레스 환경에 쥐를 노출시켜 쥐의 신체적 반응을 관찰한 바, 스트레스 환경은 부신피질을 확장시키고 흉선과 림프선을 축소시켰으며 위와 십이지장의 궤양을 유발하였다. 이런 관찰을 통해 셀리에(1956)는 일반 적응 증후군general adaptation syndrome 이라는 개념을 제안했는데, 스트레스에 노출되었을 때 결국에는 과도한 스트레스 반응을 하다가 소진된다는 것이다.

셀리에의 모델은 몇 가지 측면에서 비판을 받아왔다. 첫째, 심리적 요인을 간과한 것이다. 라자러스와 포크만(Lazarus & Folkman, 1984) 같은 연구자는 심리적 평가가 스트레스를 경험하는 데 중요하다고 주장하였다. 같은 사건을 경험하더라도 그것을 어떻게 평가하느냐에 따라 반응은 달라질 수 있다. 두 번째 비판은 스트레스 반응이 동일하다는 가정에 대한 것이다. 모든 스트레서가 같은 내분비 반응을 생산하지는 않는다 (Kemeny, 2003). 사람들이 스트레스에 반응하는 방법은 그들의 성격, 인지, 생물학적 구성에 의해 상당한 영향을 받는다. 세 번째 비판은 셀리에는 스트레스를 어떤 사건의 결과로만

보았는데, 사실 사람들은 스트레스 사건이 진행되는 동안은 물론 그러한 사건이 일어날 것이라고 예상하는 것만으로도 스트레스를 경험할 수 있다는 것이다. 그러나 이와 같은 비판들에도 불구하고 셀리에의 모델은 스트레스 반응 이론 분야에서 기틀을 제공한 의미가 있다.

사람은 살면서 다양한 스트레서에 노출되고 스트레스를 겪게 된다. 스트레서에 대한 점수 부여 연구로 유명한 홈즈와 라헤(Holmes & Rahe, 1967)는 다양한 생활사건 스트레서를 언급하였다. 외상 사건도 비록 흔하지는 않지만 인간이 겪는 스트레서 중 하나로 볼 수 있다. 그런 의미에서 외상후 스트레스 장애 원인론에서 스트레스 반응 이론을 우선적으로 고려할 필요가 있다.

2) 스트레스 대처 이론

사람들은 스트레스에 대해 각기 다르게 대처한다. 스트레스에 쉽게 무너지고 절망하며 포기하는 사람이 있는가 하면, 그 문제를 해결하기 위해 적극적으로 대처하는 사람도 있다. 본질적으로 어떤 스트레스 사건의 영향은 개인이 그것을 어떻게 인식하느냐에 영향을 받는다. 별것 아닌 것으로 인식하거나 충분히 감당할 만한 것으로 인식하는 경우에는 영향을 덜 받을 수 있을 것이다. 이처럼 스트레스 대처 이론은 스트레스 자체에 초점을 맞춘 것이 아니라 인간의 대처에 초점을 맞추었다. 대처coping는 스트레스로 인정되는 상황의 내적 · 외적 요구를 조절하기 위해 개인이 사용하는 사고와 행동으로 정의된다(Folkman & Moskowitz, 2004).

스트레스 대처 이론에서는 대처 자원에 관심을 갖는다. 어떤 성격은 스트레스에 취약한 반면, 성격적으로 대처 자원을 풍부히 갖춘 성격도 있다. 많이 연구된 대처 자원들로는 낙관주의(Scheier, Carver, & Bridges, 1994), 심리적 통제(Thompson, 1981), 자존감(Shimizu & Pelham, 2004) 등이 있다. 이 밖에도 자신의 삶에 대해 일관성을 느끼는 것(Jorgensen, Frankowski, & Carey, 1999), 삶에 대한 목적의식이나 의미감을 가지는 것(Visotsky, Hamburg, Gross, & Lebovitz, 1961), 유머감각(Cousins, 1979), 타인에 대한 신뢰감(Barefoot et al., 1998) 그리고 종교적 신념(Folkman & Moskowitz, 2004) 등이 모두 효과적인 대처를 증진시키는 자원이 될 수 있다.

스트레스 대처 이론에서 관심을 갖는 또 다른 주제는 대처 양식coping style이다. 대처 양식은 스트레스 상황을 처리하는 개인의 일반적인 경향을 말한다. 학자마다 몇 가지 대처 양식을 제시하곤 하였는데, 유용한 구분 중 하나는 문제 중심적 대처 problem focused coping와 정서 중심적 대처emotion focused coping다.

문제 중심적 대처는 문제를 해결하는 데 집중하는 것이고, 정서 중심적 대처는 부정정서를 해소하고 긍정정서를 회복하는 데 집중하는 것이다. 어느 한 대처 전략이 모든 상황에서 효과적인 것은 아니며, 상황이나 조건에 따라 효과적일 수도 있고 반대로 부작용을 초래할 수도 있다. 예를 들어, 또 다른 대처 양식인 회피적 대처는 일시적으로 스트레스를 잊어버릴 수 있도록 도와주지만, 장기적으로는 스트레스를 해소하지 못하게 막고 회피행동을 더욱 강화시키는 부작용을 초래한다.

3) 스트레스 이론의 한계

같은 스트레스 관련 분야이기 때문에 외상후 스트레스 장애에도 적용될 수 있겠지만, 기존 스트레스 이론들은 건강이나 면역체계 관련 분야에 주로 적용되었다. 그러나 스트레스 이론들의 관심 분야를 확장한다면 외상후 스트레스 장애의 병인론에도 기여할 수 있을 것이다. 외상 사건도 인간에게 영향을 미치는 하나의 스트레서인데, 스트레스 반응 이론은 외상 사건을 겪었을 때 어떤 신체생리적 반응이 나타날 수 있는지에 대한 자료를 제공할 수 있다. 또 스트레스 대처 이론은 극심한 스트레스에 부적절하게 대처하는 것이 다양한 문제 증상으로 나타남을 설명할 수 있다. 예를 들어, 진단기준 C의 다양한 회피 증상은 부적절한 대처 방식이 굳어진 것으로 볼 수 있을 것이다.

그러나 기존 스트레스 이론들을 외상후 스트레스 장애에 적용할 때는 한계가 있다. 먼저, 기존 스트레스 이론들이 교감신경계의 활성화와 내분비계통의 변화 등 신체적인 측면의 변화에 주로 초점이 맞추어진 점을 들 수 있다. 그것은 일상에서 발생하는 생활 사건과 적응에 주로 초점이 맞추어졌기 때문일 것이다. 그러나 외상후 스트레스 장애에서 다루는 외상 사건은 일상에서 쉽게 경험할 수 없는 끔찍한 사건으로, 신체적인 측면만이 아니라 정신적인 측면에도 강력한 영향을 준다. 예를 들어, 외상 사건과 같이 심각한 사건은 불안, 우울, 흥분, 분노, 당혹감 등 다양한 정서적 반응을 유발하며, 또 집중력 부재와 산만, 침투 사고 등 인지적 증상도 초래한다. 이는 총체적으로 볼 때 뇌 기능의 변화로 볼 수 있다.

건강이나 면역체계에 영향을 미치는 신체 기능의 변화에 대한 연구는 많이 이루어졌지만 뇌 기능 변화에 대한 연구는 쉽지 않았다. 그 이유로는 먼저 기술적 한계가 있다. 기존에는 뇌의 기능적 변화를 살펴볼 수 있는 방법이 별로 없었다. 예를 들어, 충격적인 사건이 정서와 기억을 담당하는 중뇌 변연계 부위에 어떤 영향을 미치는지 정확히 살펴볼 길이 없었다. 최근에 뇌 기능의 변화를 측정할 수 있는 기능적 자기공명영상

Functional Magnetic Resonance Imaging: fMRI과 같은 기법들이 등장하여 다양한 연구가 진행될 길이 열리는 것은 다행스러운 일이다.

두 번째로는 윤리적 한계가 있다. 통제된 연구를 위해서는 피험자들을 외상 사건에 노출시켜야 하는데, 이처럼 개인에게 해로운 영향을 줄 수 있는 연구는 가치가 있을지 몰라도 윤리적으로는 바람직하지 않기에 실시하기 어렵다. 예를 들어, 피험자들에게 끔찍한 상황을 목격하게 하고 그 반응을 관찰하려고 한다면, 과거에는 이런 연구가 가능했을지 몰라도 최근에는 윤리적 기준이 강화되는 추세여서 실시하기 더 어려워지는 것이다. ◆

2. 학습 이론: 연합과 강화

    학습 이론은 인간의 모든 행동이 환경과의 상호작용 속에서 학습된 것이라고 보고 학습의 원리를 찾으려는 행동주의 학파의 이론을 일컫는다. 행동주의는 심리학을 자연과학과 같이 엄밀한 과학으로 발전시켜야 한다고 주장하였고, 따라서 정신분석이론과 같이 개인 내부에서 일어나는 모호한 현상에 대한 연구를 지양하고 객관적으로 관찰되고 측정할 수 있는 행동만을 연구해야 한다고 주장하였다. 행동주의 학파의 학습이론 중 대표적인 것으로 연합 원리와 강화 원리가 있다. 외상후 스트레스 장애의 병인론에 있어서도 강렬한 공포나 회피증상은 이 원리들로 충분히 설명이 가능하다.

1) 연합의 원리

'자라 보고 놀란 가슴 솥뚜껑 보고 놀란다'는 속담이 있다. 이것은 학습 이론 중 연합의 원리를 잘 설명하는 속담이다. 솥뚜껑이 자라를 연상시켜 깜짝 놀라게 하는 반응을 유발한 것인데, 자라와 솥뚜껑이 서로 짝지어지는, 즉 연합association이 일어난 것이다.

연합의 원리는 고전적 조건형성classical conditioning의 주요 기제다. 러시아의 유명한 생리학자였던 파블로프Pavlov는 개의 타액 분비와 관련된 실험을 하다가 개가 먹이를 줄 때도 침을 흘리지만, 먹이를 주지 않더라도 먹이를 줄 때마다 들려주던 종을 치면 침을 흘리는 것을 발견하였다. 이러한 고전적 조건형성은 공포증에도 적용이 가능한데, 왓슨Watson과 레이노어Raynor는 어린아이가 원래는 두려워하지 않던 하얀 쥐를 고전적 조건형성 원리를 통해 두려워하게 만들 수 있음을 보여주었다. 하얀 쥐가 나타날 때마다 큰 소리로 깜짝 놀라게 하였더니 나중에는 큰 소리로 놀래키지 않아도 하얀 쥐가 나타날 때마다 놀라며 자지러진 것이다.

외상적 사건을 경험한 사람들은 그 사건을 연상시키는 온갖 단서에 불안과 공포를 느낀다. 밀폐된 곳에서 화재를 경험한 사람들은 밀폐 공간에 두려움을 갖게 되고, 어두운 밤에 강간을 당한 피해자는 어둠을 두려워하게 된다. 화재와 밀폐 공간을 연합시켰고, 또 강간과 어둠을 연합시킨 것이다. 이런 모습은 전쟁후유증을 다룬 영화에서도 쉽게 볼 수 있다. 우리나라 영화 〈하얀 전쟁〉에서도 베트남전쟁에 참전했던 한 병사가 제대 후 학생들의 데모를 진압하기 위해 쏘아대는 최루탄 소리에 "(베트)콩이에요" 하면서 엎드리는 장면을 볼 수 있다.

그런데 이때 꼭 외부사건만이 불안이나 공포와 연합될 수 있는 것은 아니다. 특정한 생각이나 시간도 불안이나 두려움과 연합될 수 있다. 즉, 어떤 생각을 하고 있을 때 끔찍한 사건을 경험했거나 밤 12시경에 외상적 사건을 경험했을 경우에도 그 생각과 그 시간대가 불안을 일으킬 수 있다. 앞에서 언급했듯이 이러한 연합의 원리로 행동이 형성되는 것을 고전적 조건형성이라고 한다.

외상적 사건의 영향은 여기에서 그치지 않는다. 앞에서 종소리를 듣기만 해도 침을 흘리는 파블로프의 개 실험을 설명하였는데, 이때 비슷한 종소리를 들려주어도 개는 침을 흘리게 된다. 즉, 다른 유사한 종소리에 대해서도 개가 반응하게 된 것인데, 이를 자극일반화stimulus generalization라고 한다. 외상사건을 경험한 피해자들도 마찬가지다. 환자들은 처음에 외상적 사건을 경험하였을 때의 상황적 단서들에만 공포를 느끼지만, 점차 유사한 다른 단서들에까지도 공포가 확산될 수 있다.

외상후 스트레스 장애의 경우, 2개의 단서 혹은 단서 패턴이 같은 언어적 명칭을 부여받았을 때도 자극일반화가 일어날 수 있다. 예를 들면, 어떤 외상적 상황에 '위험한'이라는 언어적 명칭이 부여되었다면 이런 명칭이 부여된 다른 어떠한 자극에 대해서도 공포스러워질 가능성이 커지는 것이다. 이는 매우 심각한 결과를 초래하여 결국 엄청나게 많은 단서가 환자를 더 괴롭히게 된다.

2) 강화의 원리

외상후 스트레스 장애 환자들은 외상과 연관된 자극을 대하면 회피하려고 한다. 이것은 상식적으로도 쉽게 이해될 수 있다. 그때의 경험이 생각나면 너무 괴롭기 때문이다. 그래서 그 장소나 그 일에 관련된 사람, 대화 등을 피하게 된다. 일단 자극을 안 받으면 그때의 고통이 그 순간만큼은 되살아나지 않는다.

예를 들어, 백화점 붕괴 사고에서 살아난 어떤 사람은 백화점 같은 대형 건물에 가지 못하는 것은 물론이고, 자신이 살고 있는 고층 아파트를 떠나 한적한 시골로 이사를 가려고 하였다. 또한 성폭행을 당한 어떤 여성은 사건이 일어난 장소 근처도 지나가고 싶어 하지 않고, 남자라면 무조건 피하였다. 그 일과 관련된 대화를 못하는 것은 물론이다.

사실 가슴 아픈 일 혹은 기분 나쁜 일이 있었던 장소나 유사한 자극에 대해 아무렇지도 않은 사람은 없을 것이다. 하물며 생각하고 싶지 않은 끔찍한 일을 겪은 사람의 경우야 두말할 필요가 있겠는가. 이렇게 피함으로써 괴로움을 덜 느끼고자 하는 것이다.

자신의 행동을 통해 어떤 보상을 얻게 될 때 그 행동을 자꾸 더 하게 되는 원리를 강화reinforcement라고 하는데, 외상후 스트레스 장애의 회피 증상은 이러한 원리로 설명될 수 있다. 강화에는 정적 강화와 부적 강화가 있다. 정적 강화positive reinforcement는 자신의 행동이 긍정적인 보상예: 먹이, 칭찬을 얻게 되었을 때 그 행동을 더 하게 되는 원리를 말하며, 부적 강화negative reinforcement란 자신의 행동이 부정적인 처벌예: 고통, 공포을 막아줄 때 그 행동을 더 자주 하게 되는 원리를 말한다. 이처럼 강화의 원리를 적용하여 행동을 만들어가는 것을 조작적 조건형성operant conditioning이라고 한다.

외상후 스트레스 장애와 같이 관련 단서를 피함으로써 고통을 느끼지 않으려는 회피행동은 부적 강화의 원리가 작용한 것으로 볼 수 있다. 그런데 이러한 회피행동은 당분간은 자신을 고통으로부터 구해주지만, 점점 더 그 경험을 두려운 것으로 만들어 더욱더 회피행동을 증가시키는 부작용을 낳는다.

앞에서 엘리베이터에서 강간을 당한 여성의 예를 들었는데, 이 여성이 사건이 일어난 엘리베이터뿐만 아니라 모든 엘리베이터를 다 피하려고 한다면 실생활은 엄청나게 불편해질 것이다. 게다가 또 다른 문제도 생기는데, 회피하는 데 점점 더 많은 에너지가 들어가고 긴장이 증가하며 결국 소진될 수 있다. 점점 더 많은 사람을 피하게 되고 점점 더 밖으로 나가지 않게 되어 사회적으로도 철수하게 된다. 이런 식으로 부작용이 심해지면 상처의 극복과 치유는 더욱 어려워질 것이다.

앞서 연합의 원리고전적 조건형성와 강화의 원리조작적 조건형성가 동시에 외상후 스트레스 장애 증상에 기여하는 것을 살펴보았다. 일찍이 모러(Mowrer, 1960)는 이 2가지 원리가 모두 회피 행동에 기여한다는 이요인 학습이론을 제안했다. 외상후 스트레스 장애에 적용하면, 연합의 원리는 외상후 스트레스 장애 환자의 공포 증상의 발전에 중요하게 기여하는 것으로 보이고, 강화의 원리를 통한 지속적인 회피 행동은 외상후 스트레스 장애 증상의 유지에 중요하게 기여하는 것으로 보인다. ◆

3. 인지 이론: 정보 과부하와 완성 경향성

　행동주의 학파는 관찰 가능한 행동에만 초점을 맞추자고
하였는데, 인간에게는 겉으로 드러나는 행동도 있지만 겉으
로 드러나지 않더라도 실재하는 인지 과정이 있다. 인지주의
학파는 인간을 자극에 단지 반응만 하는 존재가 아니라 자극
을 처리하는 존재로 보았으며, 인간 내부에서 일어나는 심리
적 현상, 특히 내부적인 인지적 활동을 강조하였다.

　외상후 스트레스 장애의 인지주의적 설명에서도 몇 가지
하위 입장이 있다. 먼저 외상 사건의 정보가 기존 도식과 배치
되는 전혀 새롭고 강력한 정보이므로 이를 처리하기가 어렵다
는 호로비츠(Horowitz, 1986)의 주장을 살펴보자.

1) 완결되지 못한 채 떠도는 정보들

호로비츠는 원래 정신역동적 입장에 영향을 받았고 치료에서는 단기 정신역동적 접근을 시도하기에 그의 이론을 정신역동적 이론으로 소개하기도 한다. 그러나 호로비츠는 정보information, 도식schema, 정보 과부하information overload, 완성 경향성completion tendency 등 인지주의적 용어들을 많이 사용하였고, 외상 사건 정보의 인지적 처리에 관심이 많았으므로 그의 이론은 인지주의적 입장으로 보는 것이 타당하다.

호로비츠의 이론을 설명하기 위해 먼저 도식부터 시작하자. 도식schema은 개인이 가지고 있는 고유한 정신적 틀로, 생각이나 행동 패턴이 조직화된 것을 의미한다. 이때 도식은 개인마다 다를 수 있는데, 예를 들어 누군가 자신에게 농담을 하면 그 사람이 자신을 좋아한다고 여기는 도식을 가진 사람이 있는 반면, 농담은 자신을 무시하는 것이라고 보는 도식을 가진 사람도 있다.

도식은 정보를 처리하는 데 도움을 줄 수 있다. 내적 도식이 있으면 그에 맞는 정보는 재빨리 받아들이고 처리할 수 있는 장점이 생긴다. 그러나 도식에 맞지 않는 정보가 들어오면 처리가 어렵고 때론 정보를 무시하거나 왜곡시키기도 한다.

여기서 정보란 새롭게 경험되는 모든 것, 즉 시각적 이미지,

청각 정보, 생각, 정서 등을 말하며, 개인은 새로운 정보들을 기존에 가지고 있는 틀에 부합할 때까지 계속해서 처리하려는 경향성을 지닌다. 이를 호로비츠는 완성 경향성completion tendency이라고 하였다.

예를 들어 설명하면, 발이 4개인 동물은 개이고 2개인 동물은 닭이라는 틀을 가지고 있을 때, 고양이를 보면 닭보다는 개와 더 유사한 동물이라고 처리할 수 있는 것이다. 그런데 새로운 정보가 처리되지 못하는 상황이 생길 수 있다. 만일 발이 3개인 동물을 보았다면 어떻게 될 것인가? 새로운 정보는 기존의 틀에 맞지 않고, 다양한 틀을 모두 동원해도 해결될 수 없는 상태가 된다. 이럴 때 개인은 새로운 정보를 그냥 무시하거나 잊어버리거나, 또는 무의식적으로 억압하려 할 수 있을 것이다. 그러나 완성 경향성으로 인해 그러지도 못한다. 새 정보는 처리될 때까지 자꾸 의식으로 뛰쳐나올 것이다.

외상 사건과 같은 것은 새로운 정보일 뿐만 아니라 정보량도 엄청나게 많을 수 있다. 외상 사건이란 보통의 일상적 경험이 아닌 충격적 사건으로, 웬만한 스트레스 사건과는 다르다. 시험에서 떨어졌다든가, 친구나 부부간에 싸웠다든가, 스스로 결정해서 명퇴를 하는 등의 스트레스 사건들도 소화하기까지는 시간이 한참 걸리는데, 왜냐하면 새로운 정보들이나 경험들을 처리하는 데 시간이 걸리기 때문이다. 하물며 충격적

인 외상적 경험이라면 오죽하겠는가? 외상 사건이 주는 정보
의 양도 많을 뿐 아니라, 외상 사건을 경험한 후 자신에게 일
어나는 변화, 감정, 생각에도 당황하게 될 것이다. 이런 식으
로 기존의 틀과는 너무나 다른 새로운 정보가 엄청나게 많기
때문에, 시간이 지나도 처리되지 않은 채로 마음속에 떠도는
정보가 많이 남게 될 수 있다. 이 상태를 호로비츠는 정보 과
부하 상태라고 하였다(Horowitz, 1986).

호로비츠는 본래 정신역동적 입장에 영향을 받았기에 방어
기제defense mechanism 개념을 사용하였다. 외상적 사건을 경험
한 개인은 어마어마한 내적 · 외적 정보를 처리해야 하는데,
이런 정보의 대부분은 일반적인 경험 밖에 있기 때문에 개인
의 인지도식에 잘 대응되지 않으며 기존의 '자기'에 어울리지
않는 생각, 감정, 이미지 등을 경험하게 한다. 이때 이런 정보
들은 단번에 처리되지 못하고, 가공되지 않은 원래의 형태로
무의식 속에 활성화될 수 있는 여지를 남긴 채 저장기억된다.
외상 사건을 겪은 사람들은 이런 정보들이 무의식 속에서 뛰
쳐나오지 못하도록 마비나 억압 등의 방어 전략을 사용할 수
있다.

그러나 완성 경향성으로 인해, 정보는 기존 틀에 부합될 때
까지 계속적으로 처리되려고 때때로 개인의 의식 속으로 뛰쳐
나오게 된다. 이렇게 뛰쳐나오는 생각, 이미지, 감정이 바로

침투적 인지, 침투적 정서의 증상이다. 이처럼 외상후 스트레스 장애에서는 정보의 억압과 침투가 동시에 나타난다. 외상후 스트레스 장애의 침투증상은 노력해도 어쩔 수 없이 생기는 것으로 통제가 어렵다는 특징이 있고, 한편 회피증상은 너무나 심하게 노력하는 것으로 과도한 통제라는 특징이 있다. 즉, 외상후 스트레스 장애에서는 상호 모순되는 과소통제와 과다통제가 동시에 존재하는 특징이 있다. 물론 호로비츠는 과다통제를 먼저로 보았다. 처리되지 않은 정보들을 억압하려고 과도하게 시도하는 것이다. 그러나 결국 실패하여 과소통제가 특징인 침투 증상이 나타난다고 보았다.

호로비츠는 이러한 침투 현상이 잠재적으로 정보처리를 위해 꼭 필요한 것으로 간주하고 있다. 어떻게든 정보처리는 완결되어야 한다. 이때 중요한 것은 적절한 정보처리 수준이라고 할 수 있다. 정보가 뛰쳐나오지 못하도록 과도하게 통제한다면, 이는 꼭 필요한 정보처리를 중단시키는 것이며 개인이 새로운 정보를 통합할 수 있는 여지를 막게 된다. 그러나 이와 반대로 통제를 너무 못하게 되면 정서의 과도한 침투, 외상 재경험 등의 결과를 가져오게 된다. 호로비츠는 외상후 스트레스 장애의 치료에 적절한 수준의 통제를 강조한다. 적절한 수준의 통제란 정보가 의식에 들어오는 속도를 조절하여 견딜 만한 정도의 새 정보와 정서반응을 제공하는 것이라고 할 수 있다.

정보처리의 완결 단계에 이르면 새로운 정보는 개인이 지니고 있는 기존의 틀, 즉 개인의 세계관이나 자아관 등과 통합되며 더 이상 개인의 성격으로부터 배격되지 않게 된다. 이 시점에 이르면 외상 경험은 더 이상 활성 상태에 머무르지도 않고 침투적으로 뛰쳐나와 사람들을 괴롭히지도 않는다.

2) 붕괴된 기본 신념

호로비츠는 외상 사건의 정보가 기존의 도식과 불일치함을 강조하였는데, 기존 도식의 특징에 대해서는 관심을 갖지 않았다. 이를 보완한 것이 야노프-불맨(Janoff-Bulman, 1989)이다. 야노프-불맨(1989)은 사람은 누구나 웬만해서는 쉽게 흔들리지 않는 기본 가정들을 갖고 있다고 보았으며, 그것은 각각 개인의 비취약성invulnerability 가정, 의미 있고 통합적인 세상meaningful or comprehensible world에 대한 가정, 그리고 긍정적인 자기상의 가정이다.

(1) 저런 일은 나에게 일어나지 않을 거야

비취약성 가정을 예를 들어 설명해보자. 우리는 늘 운전을 할 때 사람들은 중앙선을 침범하지 않을 것이라고 가정한다.

그렇지만 어느 날 상대방이 중앙선을 침범해와 사고를 당했다면 그런 가정은 흔들릴 것이다. 외상을 겪은 이들은 더 이상 '그런 일은 내게 일어나지 않을 거야'라는 가정을 갖지 못한다. 자신이 위험에 노출되었다는 느낌을 갖게 되고, 만일 그런 일이 다시 일어난다면 또다시 제물이 될 것이라는 두려움을 느끼게 된다. 이렇게 가정이 바뀌는 것은, 세상은 선한 곳이라는 믿음이 세상은 악으로 가득 찬 곳이라는 믿음으로 바뀌는 것과 일맥상통한다.

(2) 세상은 의미 있는 곳이다

이 입장에 따르면, 사람들은 세계에 대해 통제 가능하고 예언 가능하며 공정하다는 기본 가정을 지닌다고 한다. 그러나 외상 경험은 이런 가정들을 침범하고, 세계와 자신에 대한 새로운 가정들을 수립하도록 강요한다. 피해자들은 '왜 이런 엄청난 일이 발생하는가'보다는, '왜 이런 일이 나에게또는 가까운 사람에게 발생하는가'에 대해 주로 의문을 갖는다.

그러나 이런 질문에 대한 합리적인 대답은 존재하지 않는다. 결과적으로 다시 평정 상태에 도달할 때까지 피해자가 느끼는 세계는 의미가 없을 뿐 아니라 통제 가능하지도, 공정하지도 않은 것이 된다.

(3) 나는 가치 있다

사람들은 바람직한 자긍심 수준을 유지하려는 시도를 하며, 자신은 외상을 겪지 않을 만큼 소중한 사람이라는 가정하에 생활한다. 그러나 일단 외상의 피해자가 되면 여러 가지 측면에서 자기가치감이 무너지게 된다. 외상 경험 후 사람들의 자긍심을 침범하는 요소들에는 희생당한 데 대한 무력감, 외상으로 인해 생겨난 통제가 안 되는 생각이나 감정으로 인한 혼란과 그에 따른 무력감, 외상을 막기 위해 뭔가를 더 할 수 있었을 것이라는 후회나 죄책감 등이 있다.

야노프-불맨(1989)은 외상후 스트레스 장애를 자신과 세상에 대한 기본적인 가정이 무너지고 박살난 결과라고 보았다. 이러한 기본 가정은 웬만해서는 쉽게 흔들리지 않지만 외상적 사건을 경험함으로써 무너지게 된다는 것이다. 또한 이렇게 기본 신념이 무력화된 것에 적절하게 대처하지 못한 결과가 외상후 스트레스 장애라고 보았다.

3) 외상 정보처리 단계

사람들은 정보를 처리하기 위한 다양한 시도를 하며, 그 시도는 실패할 수도 있지만 반면 성공할 수도 있다. 외상 사건을

3. 인지 이론: 정보 과부하와 완성 경향성 ✳ **125**

경험하였다 해도 그것을 성공적으로 극복한 사람들이 있지 않은가! 이들은 분명 외상 사건이 주는 정보를 처리하여 새롭게 자신에게 통합시켰을 것이다. 예를 들어, 마라톤 대회에 참여했다가 폭탄 테러와 같은 불의의 사건으로 다리를 잃은 사람들이 희망을 잃지 않고 의족을 사용하여 다시 마라톤 대회에 참여해 완주하는 경우가 있다. 이들은 외상 사건 이후, 자신의 운명이나 삶의 의미 등에 대해 다시 생각하여 외상 사건이 주는 정보를 새롭게 재처리하는 데 성공한 것이다.

호로비츠(Horowitz, 1976)는 이 같은 과정을 5단계 모델로 요약하여 제시하였다. 5단계는 각각 외침 단계, 거부 단계, 왕복 단계, 훈습 단계, 반응의 완결 단계다.

외침 단계로 명명된 1단계는 피해자들이 외상적 사건에 대하여 공황반응, 해리반응, 급성정신병 등 다양한 즉각적인 반응을 보이는 단계다. 이 단계에서 피해자들의 상태는 자기에게 어떤 사건이 발생했는지를 이해하지 못하는 경우가 많다.

거부 단계에서는 피해자들은 외상 경험에 대하여 거부하고 다양한 마비 및 회피 증상을 보이게 된다. 즉, 피해자들은 사회 상황에서 철수하려 하며, 약물과 알코올을 남용하고, 공포를 스스로 찾아다니는 역공포 상태를 보이기도 하며, 자신이 누구인지를 기억하지 못하고 거리를 떠돌아다니는 둔주fugue 상태를 보이기도 한다.

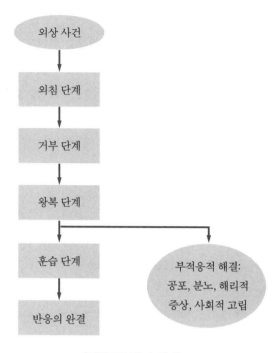

〈외상 정보처리 단계〉

3단계인 왕복 단계에서는 침투적 사고 및 이미지들이 계속 떠올라 고통을 당하는 상태와 거부 및 마비의 상태를 왔다 갔다 한다. 이 단계에서 환자들은 대량의 침투적 사고를 경험하며 절망하기도 하고, 이를 부정하기 위해 감정을 마비시키고 대인관계를 회피하기도 한다. 이 단계가 지속되면 외상후 스트레스 장애 방향으로 가는 것이다.

한편, 4단계인 훈습 단계에서는 침투들이 덜 강력해지고 환자들은 이런 침투적 인지를 조금씩 더 다룰 수 있게 된다. 회피와 마비는 점점 없어진다.

마지막 5단계인 반응의 완결 단계는 일반적으로는 달성되기 어려운 단계다. 이 단계는 외상 경험이 자아에 통합되며, 성격구조에 다양하고 영속적인 변화가 생긴 최종 상태라고 할 수 있다.

호로비츠의 5단계 모델은 셀리에의 일반 스트레스 증후군의 3단계 모델경고→저항→소진의 확장형처럼 보이기도 하고, 또 큐블러-로스의 죽음의 5단계 이론(Kübler-Ross, 1969)과도 유사하게 보인다. 큐블러-로스는 죽음 연구의 선구자로, 사람들이 자신이 죽을 것이라는 것을 알게 되었을 때 거부 → 분노 → 협상 → 우울 → 수용의 5단계를 거친다고 설명하였다. 자신이 죽을 것이라는 정보 역시 차마 받아들이기 어려운 새로운 정보다. 즉, 받아들이는 데 많은 시간과 노력이 필요하다는 것이다.

그런데 외상 사건을 겪은 사람들이 모두 외상후 스트레스 장애를 발전시키지 않는 것으로 볼 때, 현재로는 외상 경험 후 호로비츠의 3단계 직후에 분기점이 존재하는 것으로 보인다. 즉, 한 쪽 가지는 적응적 해결양식으로 뻗어 있고, 다른 쪽 가지는 부적응적 해결양식으로 뻗어 있다.

첫 번째 경로를 택한 사람들은 상당한 적응력을 보이는 사람들일 것이다. 여기에는 심리치료의 도움을 받은 사람도 있을 것이고, 주변 환경이 매우 지지적이어서 많은 사람이 그들에게 지속적인 사랑과 관심을 보여주었을 수도 있다. 이들은 훈습 단계를 거쳐 외상 정보처리를 완결시킬 수 있다.

두 번째 경로는 부적응적 해결로서, 외상후 스트레스 장애를 발전·지속시키게 되는 경우를 말한다. 부적응적 해결의 개념은 해결하지 못했다고 보는 것이 아니라 부적응적으로 해결했다고 보는 것이다. 아무리 부적응적이라 해도, 만성 외상후 스트레스 장애의 경우에 종종 나타나는 성격 변화는 일종의 해결 상태에 도달한 증거로 간주할 수도 있기 때문이다.

4) 정보처리 이론과 공포 네트워크의 활성화

앞서 호로비츠가 도식, 정보처리 등을 강조하긴 했지만, 호로비츠의 이론을 정보처리 이론이라고 부르지는 않는다. 인지심리학에서 정보처리 이론information processing theory이라고 하면, 정보가 어떻게 처리되고, 저장되며, 인출되는지 그 과정을 직접 다루는 이론을 의미한다. 외상후 스트레스 장애에 적용하면, 외상 사건이라는 정보가 어떻게 처리되고 저장되는지를

3. 인지 이론: 정보 과부하와 완성 경향성 * **129**

다루는 것이다.

정보처리 이론의 주목적은 어떤 정보가 처리되고 저장되는 방식을 밝히는 것이다. 왜 어떤 정보는 더 쉽게 처리되고 다른 것은 그렇지 않은가? 어떻게 처리되어야 더 오래 저장될 수 있는가? 이것은 인간의 인지 과정을 밝히려는 목적이다. 그러다 보니 외상후 스트레스 장애의 병인론에 직접 적용하기에는 한계가 있을 수 있다. 그러나 일부 외상후 스트레스 장애 증상, 예를 들어 침투증상이나 과잉 각성 상태 또는 집중력 문제와 같은 것은 정보에 대한 주의, 지각 및 저장 과정의 문제로 볼 수도 있다. 이런 이유로 외상후 스트레스 장애 병인론에 정보처리 모델이 응용될 수 있기에(Foa, Steketee, & Rothbaum, 1989) 여기에서 잠깐 소개한다.

포아와 동료들(Foa & Kozak, 1986; Foa & Riggs, 1993; Foa et al., 1989)은 랭(Lang, 1979)의 공포 구조fear structures 개념을 도입하여, 기억 속에서 공포 네트워크가 어떻게 형성되고 활성화되는지를 보여주는 모델을 제시하였다. 즉, 외상 사건은 단순히 처리되고 저장되는 것이 아니라, 광범위한 그물망처럼 엮여 처리되고 저장된다는 것이다. 그러다 보니 외상을 떠올리게 하는 사소한 단서도 네트워크 전체를 활성화시켜 개인을 혼란에 빠뜨릴 수 있다. 켐톱과 동료들(Chemtob et al., 1988a, 1988b) 역시 비슷한 주장을 하였는데, 위험이나 공포의 표상은 저장될 때 단순히 저장되는 것이 아니라 풍부하고 다차원적인 의미의 틀로 저장되기 때문에, 사소한 단서들도 전체 네트워크를 쉽게 활성화시킬 수 있다고 하였다.

정보처리 모델을 적용하는 것은 광범위한 공포 네트워크가 얼마나 쉽게 활성화될 수 있고 그 결과 개인의 행동, 주의, 각성 상태에 얼마나 큰 영향을 미칠 수 있는지를 보여준다. 향후 더 많은 연구를 통해 공포 네트워크를 비활성화시키거나 해체하는 과정도 밝힐 수 있으면 좋겠다. ◆

4. 정신생물학적 설명

정신장애의 원인을 생물학적 측면에서 설명하려는 입장이 있다. 앞에서 스트레스 반응 이론과 같은 것이 생물학적 입장의 전형적인 예다. 외상후 스트레스 장애의 정신생물학적 토대를 찾기 위한 노력은 상당히 일찍부터 시작되었다.

초기에는 외상후 스트레스 장애의 원인으로 주로 신경학적 손상이 거론되었다. 이 책의 앞부분에서 언급한 '철도 척추'에 대해 최초로 체계적으로 연구한 에릭슨은 저서 『척추 충격에 대하여On the Concussion of the Spine』에서, 심각한 외상이 아니더라도 기능상에 심각한 장애를 초래할 수 있으며, 이는 신경학적 손상이 주요 원인이라고 주장하였다(Erichsen, 1867). 또 1886년 오스트리아 비엔나의 황실의사협회 모임에서 철도 척추의 원인에 대한 논쟁이 벌어졌을 때, 당시 유명한 독일 신경학자였던 오펜하임Hermann Oppenheim은 철도 척추 증상이 척추나 뇌에 가해진 물리적 충격에 기인할 것이라 주장하였다. 하지만 당시에는 그 증상이 신경의 문제인지 심리의 문제인지에 대해 논쟁이 팽팽하였고, 보상을 위한 꾀병이라는 주장도 만만치 않았다. 샤르코Jean-Martin Charcot나 페이지Herbert Page 같은 프랑스와 영국의 학자들은 일부 증상을 히스테리 같은 심리적 증상으로 볼 수 있다고 주장하였다.

이후 기술의 발전으로 신체적·신경학적 변화를 측정할 수 있게 되었고, 정신생물학적 토대가 있음은 좀 더 분명해졌다. 예를 들어, 셀리에의 스트레스 반응 이론은 스트레서에 대한 신체적 변화를 강조한 것이다. 그런데 최근 연구에 의하면, 생명을 위협할 만한 압도적인 스트레서에 노출되었을 때는 일반적인 스트레스 반응과는 전혀 다른 반응이 나타난다는 것이 밝혀졌다(Yehuda, Giller, Levengood, Southwick, & Siever, 1995). 가장 두드러진 발견 중 하나는, 외상후 스트레스 장애 환자들이 시상하부–뇌하수체–부신피질hypothalamic-pituitary-adrenocorticotropic: HPA 축에서 코르티솔 수준이 낮아지는 변화를 보인다는 것이다.

일반적으로 생활사건 스트레스에 대한 반응에서는, HPA 축이 스트레스에 반응하여 활성화될 때 코르티솔 수준이 증가한다고 한다. 따라서 이런 변화는 매우 놀라운 것이며, 이 변화가 무엇을 의미하는지 학자들은 꾸준히 탐구하고 있다.

그리고 몇몇 연구에서는 외상후 스트레스 장애 환자들에게서 해마hippocampus가 더 작아지는 것을 발견하였는데, 해마는 우리 뇌에서 정보를 처리하고 전달하거나, 기억을 형성하고 인출하거나, 또는 맥락학습을 증진시키는 중추 기관이다.

이런 새로운 발견들을 종합해나가면서, 학자들은 외상후 스트레스 장애의 발병과 지속을 설명할 수 있는 정신생물학적 이론을 막 제안하기 시작하였다. 비록 아직까지는 이런 변화들의 의미가 무엇인지 정확히 밝혀내지 못하였지만, HPA 축의 변화, 카테콜라민, 수용체, 신경전달 시스템, 그리고 특정한 뇌 영역을 모두 포함하여 외상후 스트레스 장애를 설명하는 이론적 근거들을 만들어갈 것이다(Yehuda & McFarlane, 1997).

현재까지의 정신생물학적 발견들을 종합하여 다음과 같이 외상후 스트레스 증상을 설명할 수 있다. 강력한 외상 사건이 과도한 아드레날린 반응을 촉발시키고 이것이 뇌에 깊숙한 신경학적 흔적을 남긴다. 이런 흔적은 공포를 유발한 사건이 끝난 후에도 계속 존재하게 되며, 미래의 잠재적 공포에 과민 반응하게 만든다. 외상 사건 경험 중에 엄청난 스트레스 호르몬이 분비되어 시상하부HPA 축 활동을 위축시키는데, 이것이 외상후 스트레스 증상 발현의 주요한 요인이 될 수 있다.

정신생물학 연구자들은 외상후 스트레스 장애 발병에 관여하는 다양한 생물학적 과정을 밝혀내려고 노력하고 있지만, 아직은 초기 단계라고 할 수 있다. 그리고 외상후 스트레스 장애와 관련된 뇌의 생화학적 변화를 찾아내고 있기는 하지만, 특정한 하나의 변화가 외상후 스트레스 장애의 침투증상이나 회피, 각성수준의 변화 등을 모조리 설명할 수는 없을 것이다. 이런 것을 통합적으로 설명하려면 보다 많은 자료를 모아야 할 것이다. 앞으로 꾸준하고 광범위한 노력을 통해 외상후 스트레스 장애의 정신생물학적 토대를 마련하여, 왜 어떤 사람은 외상후 스트레스 장애로 발전하고 다른 사람은 괜찮은지, 왜 어떤 사람은 침투증상이 더 심하고 다른 사람은 그렇지 않은지, 왜 어떤 사람에게는 다른 사람에게서 나타나지 않는 해리증상이 나타나는지 등을 설명할 수 있으면 좋겠다. ◆

5. 정신역동적 입장: 자아기능의 손상

1) 자아가 있던 곳에 원초아가 있게 된다

외상 경험은 성격구조에 손상을 입힌다고 보는 입장이 있다. 이로부터 시작된 정신분석학에서는 인간의 성격이 원초아id, 자아ego, 초자아superego의 삼원구조로 되어 있다고 본다. 인간의 발달 과정을 보면, 초기에는 원초아가 지배적이어서 어린아이와 같이 행동한다. 아이들이 자신의 욕구를 충족시키기 위해서 무조건 울고 떼쓰거나 또는 울다가도 원하는 것을 주면 울음을 뚝 그치는 것이 여기에 해당된다. 이런 원리를 쾌락 원리pleasure principle라고도 한다.

그러다가 자라면서 차츰 자신의 욕구도 참아야 된다는 것을 배우게 되고 현실에 적절한 방식으로 충족시키는 법을 익히게 된다. 또한 상황을 판단하는 능력도 키우게 되고 신체도 발달하며, 언어를 익히게 되면서 부모와의 의사소통을 통해 사회화가 가속화된다. 이렇게 현실에 적절한 방식으로 자신의 욕구를 충족시키는 것은 자아의 능력ego function이다. 즉, 성장하면서 점점 자아 능력이 커진다고 볼 수 있다. 또한 부모의 가치관이나 사회의 관습, 양심 등을 내면화하면서 초자아가 형성된다.

이렇게 본다면 건강한 성인이란 자신의 욕구를 자아 능력을 통해 적절하게 충족시키고 조절하며 건전한 초자아가 형성되어 있는 사람이라고 할 수 있다. 정신분석학의 창시자인 프로이트는 치료의 목표를 '원초아가 있던 곳에 자아가 있게 한다'라고 하기도 하였다. 그런데 외상적 경험의 충격은 자아를 손상시켜 제대로 기능하지 못하게 한다. 이것은 인간 발달 과정의 시계를 거꾸로 돌려놓는 것과 같다. 그 결과 '자아가 있던 곳에 원초아가 있게' 되는 것이다. 이는 정신분석치료의 목표와 정반대가 되는 말이다.

좀 더 구체적으로 이야기한다면, 외상후 스트레스 장애 환자는 현실적인 판단을 제대로 하지 못한다든가, 현실과 환상과 공상을 혼동한다든가, 비현실감을 느낀다든가, 충동이나 감정을 적절히 조절하고 통제하기가 어려워 걸핏하면 분노를 터뜨리는 등의 특징을 보이는데 이것은 모두 자아 기능이 손상된 결과인 것이다. 또한 건전한 양심의 역할을 하여야 할 초

자아도 흔들려 때로는 반사회적 성격 특성을 나타낼 수 있다
고 보았다. 이러한 설명은 외상후 스트레스 장애가 왜 생기는
가에 대한 설명이라기보다는 장애의 증상을 설명하는 것으로
도 보인다.

2) 자기정체감의 파편화

프로이트의 정신분석은 이후 대상관계 이론object relation
theory이나 자기심리학self psychology에 많은 영향을 남겼다. 자기
심리학에서는 자신의 정신을 응집력 있는 전체, 즉 자기self로
조직하려는 욕구를 인간 심리에서 가장 근본적인 욕구로 보고
있다. 프로이트의 자아ego가 충동과 현실을 조절하는 기능을
강조한 용어라면, 자기self라는 용어는 사고나 행위의 주체임
을 강조한 용어라고 할 수 있다. 자기와 비슷한 용어로 자기정
체감self identity이란 용어가 있는데, '나는 누구인가'에 대한 개
념을 정체감이라고 한다.

외상후 스트레스 장애 환자는 '예전의 그 사람' 같지 않고
사람이 달라진 것처럼 보인다. 이는 그가 자기정체감에 혼란
을 겪고 있기 때문이다. 살아가면서 나 혹은 자기라는 느낌을
안정되게 갖는다는 것은 매우 중요하다. 몇 년 전의 나와 어제
의 내가 지금의 나와 동일한 사람이라는 것을 자연스럽게 느

낀다는 것은 너무 당연한 일처럼 생각될 수 있을 것이다. 또한 나라는 사람이 대체로 어떠한 생각과 가치관을 가지고 있고, 어떤 일에는 대체로 어떻게 느끼고 반응하며, 어떤 인간관계를 맺고 있는가 하는 것 등은 어느 정도 일관성 있게 '감'으로 자기 안에 잡혀 있는 것이 보통일 것이다.

그러나 외상 경험은 사람들에게 다양하고 강렬한 스트레스 요인을 제공함으로써 비교적 통합되어 유지되고 있었던 정체감을 분열시키고 파편화시키는 효과를 갖는다(Brende, 1983). 뭔가 '예전의 나로 돌아갈 수 없을 것 같은' 느낌을 갖게 되는 것이 바로 이러한 현상이다. 이렇게 외상의 희생자는 건강한 정체감을 상실하게 되고 정체감 내에서의 분열이 생기게 된다.

그러면 잠시 한 인간이 어떻게 안정된 정체감을 형성하게 되는지 살펴보자.

인간은 태어나서 몇 년 정도 성장하면 '나'라는 느낌을 '대상'과 구분하여 갖게 된다고 한다. 이러한 구분이 정체감 형성의 기초가 된다. 아이들은 실제로 '나'라는 대명사를 사용하기도 하고 고집을 피우기도 하며, 이때쯤엔 엄마가 눈앞에 안 보여도 그다지 불안해하지 않는다. 왜냐하면 엄마라는 대상이 안정된 존재로 마음속에 든든하게 자리 잡고 있기 때문이다. 이를 바탕으로 아이들은 부모를 동일시하거나 이상화함으로써 자기에 대한 긍정적 혹은 부정적 표상들을 건강하게 통합하며, 자기 자신에 대한 정체감의 기초를 형성하게 된다. 이러한 발달 초기의 정체감을 토대로 아동기와 청소년기를 거치면서 보다 폭넓고 통합적인 정체감을 성숙시키게 된다.

이렇게 자기정체감은 나와 대상과의 분리, 긍정적·부정적 측면들의 통합, 중요한 인물들과의 동일시 등을 통해 형성되는데, 엄청난 위력을 가진 외상적 경험은 이렇게 이루어진 통합을 깨뜨리고 정체감을 파편화시킨다. 정체감의 분열은 여러 가지 현상으로 나타날 수 있다. 이를테면 자신을 외상적 경험의 주요 인물인 살인자와 동일시하는 것으로 나타나기도 하고, 희생자와 동일시할 수도 있으며, 자기 자신에 대해서 양극단적인 태도를 갖는 등의 모습을 보이기도 한다.

베트남전쟁 참전용사들의 경우, 전투를 경험한 사람들은 자신을 살인자와 동일시하여 살인자로서의 자기정체감을 형성하면서 폭력적이 되는가 하면, 베트남전쟁의 희생자와 동일시하여 자기파괴적인 경향을 보이기도 한다. 희생자로서의 자기의 무력한 부분은 뭔지 모를 불안, 불쾌한 기억, 악몽, 두통, 현기증, 지속적인 신체의 통증으로 나타난다.

또 이들은 희생자로서의 자기를 의식하지 못하도록 하는 방어수단으로, 뭐든지 다 할 수 있을 것 같은 병리적인 전지전능감을 발전시켜 공격적이고 위험을 감수하는 행동을 하기도 한다.

　병리적인 전지전능감은 정신이 발전한 것이 아니라 퇴보한 것으로, 다음과 같이 설명할 수 있다. 인간은 인간관계의 발달 초기에 갓 태어나서 거의 종일 잠만 자는 정상적 자폐기와, 엄마와 한 울타리 안에 있는 듯한 공생기를 경험한다. 이 시기에는 거의 대상주로 엄마과 자기를 분리된 존재로 느끼지 못한다. 그렇기 때문에 아이들은 대상이 제공해주는 자신의 모든 욕구 충족을 자신이 하는 것으로 착각하여 자신이 전지전능하다고 느끼게 된다. 배가 고프면 먹을 게 생긴다든가 하는 것들을 자기가 하는 것으로 착각할 수 있다는 것이다. 그러나 차츰 대상과 분리된 존재로서의 자기를 의식하면서 자기의 한계를 무수히 느끼게 되고 동시에 좌절을 인내하는 능력도 키우게 된다. 이처럼 어린 시절에 느끼게 되는 전지전능감은 병리적인 것이 아니라 그 발달 수준에 적절한 것이다.

　그러나 현실을 알고 자기의 한계를 충분히 알 수 있는 나이에 자신이 전지전능하다고 생각하는 것은 병리적이다. 이것은 일종의 방어기제로 보인다. 무기력한 상황에서 자신을 방어하기 위해서 전지전능감으로 도피하는 것 같다. ◆

6. 개인차를 고려하기

앞에서도 언급하였듯이, 외상 사건을 경험한다고 해서 모두가 외상 후유증으로 고통스러워하는 것은 아니다. 어떤 사람은 잘 견뎌내기도 하고 심지어 외상의 고통을 승화시키거나 외상 사건을 계기로 정신적으로 한 걸음 더 성장하는 사람도 있다. 따라서 외상 사건에 좀 더 취약한 개인들의 특징을 살펴보는 것이 외상후 스트레스 장애 병인론을 이해할 때 도움을 줄 수 있다. 한편, 외상 사건에 좀 더 강인하게 대처하는 사람들의 특징을 살펴보는 것은 치료 이론의 발전에 도움이 될 것이다.

1) 스트레스 요인에서 개인차 요인으로

1970년대에서 1980년대까지는 외상후 스트레스 관련 장애를 다룬 저서들이 말 그대로 쏟아져 나오는 시기였다. 이는 베트남전쟁의 심리적 피해자들에 대한 관심에서 비롯된 것이었다. 외상후 신경증에 대한 초기 논문들은 거의 대부분 베트남전쟁 참전용사들을 대상으로 하였다.

이때 먼저 스트레스 요인 자체를 강조하기 시작했다. 즉, 외상 사건 자체에 초점을 맞춘 것이다. 외상후 스트레스 장애의 중요한 원인으로서 스트레스 요인들이 지니는 외상적 성질의 중요성에 대한 경험적 자료들이 속속 모아졌다. 외상후 스트레스 장애라는 새로운 명명이 이루어진 것도 스트레스 요인 자체에 대한 강조가 있었기 때문이었다.

스트레스 요인의 속성이 정교화된 후에는 개인차 요인도 중요하게 고려되기 시작했다. 이와 같은 경향은 정신장애의 설명에서 인지심리학의 역할이 점점 커지는 현실을 그대로 반영한 것이다. 인지주의 이론가들은 자극과 반응만을 강조하는 행동주의자들에 반대하여 사람들 내부의 심리과정을 강조하였다. 즉, 같은 사건을 겪더라도 사람에 따라 다른 반응을 보일 수 있다는 것이다.

예를 들어, 개인이 사건의 원인을 어떻게 돌리느냐귀인, attribution에 따라 전혀 다른 반응을 할 수 있다. 성폭력 피해자가 사건의 원인을 자신에게 돌리느냐 아니면 가해자에게 돌리느냐에 따라 이후 겪는 고통이나 증상은 전혀 다를 것이다. 이

런 식으로 인지적 귀인이 중요한 역할을 담당한다는 주장은
점점 힘을 얻고 있다. 즉, 스트레스 요인뿐 아니라 개인의 인
지적 성향에 따라 장애의 형성과 경과에 차이가 날 수 있다는
것이다.

귀인 이론attribution theory이 부각된 것은 환경 스트레스 요인
의 외부적 역할만을 강조하는 경향을 견제하고 보완할 필요가
있기 때문이었다. 개인 내부의 과정을 강조하는 경향이 다시
자리 잡게 되면서 사람들이 자신의 경험에 어떻게 의미를 부
여하는지가 외상후 스트레스 장애의 발달에 영향을 미치는 최
종 경로로 여겨졌다.

여기에서는 개인이 외상 이전에 지니고 있던 심리구조, 성
격 패턴, 기존 갈등 등이 중요하게 다루어진다. 뿐만 아니라
타고난 기질이나 유전적 요인도 빼놓을 수 없다. 이런 요인들
이 반응에서의 개인차를 설명해주기 때문이다.

2) 취약성-스트레스 모델

일찍이 정신분석학파 이론가들은 심리성적 발달단계에서
미해결된 갈등이 많은 병사가 전투 신경증을 일으킬 가능성이
높다고 주장하였다(Freud, Ferenczi, Abraham, Simmel, &
Jones, 1921). 즉, 어떤 병사는 안 그렇지만 어떤 병사는 전투

신경증을 호소하는데, 그 취약성을 어린 시절 미해결된 갈등에서 찾은 것이다.

주빈과 스프링(Zubin & Spring, 1977)은 개인의 취약성이 스트레스를 만났을 때 병리를 일으킨다는 취약성-스트레스 모델diathesis-stress model을 제안하였다. 취약성-스트레스 모델은 취약성과 스트레스를 동시에 강조하고 있기 때문에 병리의 발생을 포괄적으로 잘 설명할 수 있다. 즉, 병리가 발생하려면 취약성과 스트레스 모두가 필요한 것이다. 취약성이 있다 하더라도 스트레스가 취약성을 촉발시키지 않으면 병리로 발전하지 않을 수 있다. 비유로 설명하자면, 외할머니와 어머니가 모두 유방암 병력이 있는 딸은 유방암 유전자취약성를 갖고는 있지만, 평소 스트레스 관리를 잘 하고 지지적인 배우자를 만났다면 유방암에 걸리지 않을 수도 있다. 다음은 〈취약성-스트레스 모델〉을 그림으로 설명한 것이다.

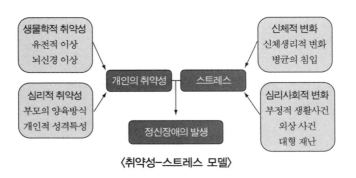

〈취약성-스트레스 모델〉

일단 여기서는 취약성에 초점을 맞춰보자. 발로우(Barlow, 1988)는 취약성은 유전적인 것일 수도 있고 생리적인 것도 될 수 있지만, 심리적이거나 사회적인 것도 될 수 있고, 또는 이들의 조합이 될 수도 있다고 하였다. 예를 들어, 어떤 사람이 매우 신경질적이거나 부정적인 사고방식의 소유자라면 예민한 성격이나 부정적 사고방식이 취약성이 될 수 있다. 이런 사람들이 강력한 외상 사건을 경험했을 때 외상후 스트레스 장애 증상이 생길 가능성이 높아지는 것이다. 그런데 성격이 예민하지 않다 하더라도 어릴 적 학대를 당했거나 학대를 목격한 경험이 있다면 이런 경험이 취약성이 될 수도 있다.

3) 사건 전 요인

취약성-스트레스 모델은 외상 경험 후 개인차가 생기는 것을 잘 설명해준다. 취약성-스트레스 모델로 인해 외상 사건이라는 스트레스 외에 개인적 취약성이 장애 발병에 중요한 영향을 미치며, 따라서 어떤 취약성이 있는지에 연구 관심이 생기게 되었다.

그런데 취약성을 달리 말하면 스트레스 사건을 경험하기 이전부터 있었던 요인이라고 할 수 있다. 윌리엄스와 포이줄라(Williams & Poijula, 2002)는 이를 사건 전 요인이라고 하고 다음과 같은 것들을 소개하였다(오수성 외 공역, 2009에서 재인용).

- 심각하고 불행한 생활 사건이나 외상 혹은 방임, 정서적 학대, 성적 학대, 신체적 학대 또는 학대를 목격하는 것을 포함한 아동기 경험이 있음
- 단순히 상황적인 것만이 아닌 뇌의 화학작용에 영향을 미치는 초기의 우울이나 불안
- 비효율적인 대처 기술
- 정신질환 병력, 어린 시절에 경험한 여러 분리 경험, 경제적 문제 또는 가정폭력을 포함한 가족의 불안정성
- 반사회적이거나 범죄행위와 관련된 가족력
- 초기의 물질 남용
- 아동기부터 나타난 가출, 학교 정학 처분, 학업성적 부진, 청소년 비행, 싸움, 무단결석 등으로 표현되는 권위와의 갈등
- 곤경에 처했을 때 도움을 받을 수 있는 사회적 지지의 결여
- 사람, 물건, 집 등에 대한 초기의 복합적인 상실
- 성별gender: 생애의 특정 시기에 외상후 스트레스 장애가 발병할 가능성은 여성이 남성보다 2배 더 높다.

- 연령age: 25세 미만의 젊은이들에게 이 장애가 발병할 가
  능성이 더 크다(Friedman, 2000).
- 유전: 어떤 가족 구성원은 다른 가족보다 외상을 잘 견디
  지 못한다(Meichenbaum, 1994).

4) 보호 요인

앞서 외상후 스트레스 장애 발병에 영향을 미치는 개인적
취약성을 살펴보았다. 취약성에 대한 관심은 외상후 스트레스
장애 발병에 기여하는 요인을 찾고 예방하기 위해서다. 취약
성에 대한 관심과 맥락을 같이하는 것이 보호 요인에 대한 관
심이다. 위험 요인risk factor은 취약성과 같이 장애의 발병을 유
발하는 요인인 데 반해, 보호 요인protective factor은 장애의 발병
을 막아주는 요인을 의미한다.

테넨과 어플렉(Tennen & Affleck, 1998) 그리고 맥크래
(McCrae, 1992)는 역경에 좀 더 잘 대처하게 도와주는 성격적
특징이 있을 것이라고 믿었다. 이들은 외향적이고 개방적인
성격의 사람, 목표를 위해 성실하게 일하는 사람, 유쾌한 성격
을 지닌 사람은 외상 사건과 같은 역경에 대처하는 역량이 더
욱 뛰어나다고 보았다.

이 밖에 외상에 반응하는 방식에 영향을 미칠 수 있는 또 다

른 중요한 요인들로는 내적통제감internal locus of control, 자기효능감self-efficacy, 이해가능성sense of coherence, 강인함hardiness 또는 강한 정신력 등이 보고된 바 있다(Antonovsky, 1987; Kobasa, 1982). ◆

7. 통합적 설명

이상심리나 정신장애의 원인을 규명하려는 시도는 정신분석적 입장, 행동주의적 입장, 인지적 입장, 생물학적 입장 등 각기 다른 관점과 분석 수준에서 이루어졌다. 그런데 이제는 각기 다른 분야에서 밝혀진 여러 원인을 통합하는 노력이 이루어져야 한다는 주장이 제기되고 있다(Oltmans & Emery, 2001).

앞서 언급한 취약성-스트레스 모델은 이러한 통합적 노력을 반영하는 것이다. 취약성이나 스트레스 어느 한 쪽만 강조하는 것이 아니라 둘 다 통합적으로 고려한 것이다. 취약성-스트레스 모델과 더불어, 엥겔(Engel, 1977)이 주장한 생물심리사회적 모델biopsychosocial model 역시 통합적 모델인데, 이 모델은 장애의 발병과 진행에 있어 생물학적 · 심리적 · 사회적 요인을 모두 고려해야 한다고 하였다.

또 그린, 윌슨과 린디(Green, Wilson, & Lindy, 1985)는 심리사회적 모델을 제안했는데, 이 모델에서는 외상적 스트레스 사건뿐만 아니라 개인적 성격 특성 및 사회문화적 환경의 어떤 요인이 장애를 일으키는 데 기여하는지를 설명한다. 연구자들은 이 질문에 대한 답을 개인의 특성과 외상적 경험의 특성, 회복환경의 질적 수준에서 찾고자 했다. 다음에서 심리사회적 모델의 요소들을 자세히 살펴보도록 하겠다.

1) 심리사회적 모델의 요소

(1) 개인의 특성

심리사회적 모델에서는 먼저 개인의 특성을 고려해야 한다고 주장하였다. 개인의 특성에는 취약성뿐 아니라 역경에 대처할 수 있는 긍정적 성격 특성도 함께 포함될 수 있다. 이에 대해서는 이미 앞에서 윌리엄스와 포이줄라(2002)나 테넌과 어플렉(1998) 그리고 맥크래(1992)가 언급한 바를 살펴보았다. 개인의 특성 면에서 보면 개인의 자아 강도가 강할수록 그리고 스트레스 사건에 대처할 자원이 많고 효율적인 방어기제를 사용할수록 외상에 성공적으로 대처할 수 있다. 반면, 그 사람이 외상 이전에 어떤 다른 스트레스를 겪고 있었거나, 혹은 정신장애를 갖고 있었는지 등은 위험 요인이 될 수 있다. 나이,

사회경제적 지위, 교육 수준 등도 중요한 항목이다.

(2) 외상 경험의 특성

외상 경험의 성질이 어떤가에 따라 얼마나 많은 정보처리가 필요한지가 결정되며, 이에 따라서 장애로 발전할 가능성이 다르다. 예를 들어, 스트레스 사건이 얼마나 심각했는지, 얼마나 지속되었는지, 얼마나 갑작스럽게 일어났는지, 죽은 사람이 있었는지, 자기 자신이나 주변 사람들이 얼마나 죽을 뻔했는지, 자신이 그 당시 어떤 행동을 취했는지, 그 사건이 반복될 가능성이 있는지 등은 외상후 스트레스 장애로의 발전 여부를 가늠하는 데 중요한 요소가 된다고 할 수 있다.

참고로 윌리엄스와 포이줄라(2002)는 사건 전 요인 외에도 사건 요인과 사건 후 요인을 정리한 바 있다. 여기서 외상 경험의 특성이라고 하면 사건 요인과 같은 맥락이므로 이를 소개하면 다음과 같다.

- 사건의 지리적 근접성
- 사건에 대한 노출 수준: 노출이 클수록
- 자기 자신이 느끼는 사건의 의미
- 연령: 사건을 겪은 연령이 더 어릴수록
- 복합적인 외상 사건의 희생자인 경우

- 외상의 지속 기간
- 계속 외상이 지속될 것 같은 위협 상황예: 전쟁
- 사람이 고의적으로 저지른 외상 사건에 연루되는 경우
- 가해자나 목격자로서 잔학 행위아주 잔혹하고 충격적인 행위에 참여한 경우예: 고의적으로 여성이나 아이들을 살해하는 상황

(3) 회복 시 환경의 질적 수준

그린, 윌슨과 린디(1985)의 심리사회적 모델은 회복 시 환경을 강조한 것이 독특한 점이다. 개인이 외상적 사건을 경험한 후에 이를 어떤 환경에서 극복하는지가 중요하다. 이 입장에서는 다른 사람들의 지지를 얻을 수 있고 가족이나 친구들의 보호막이 있는 사람들이 그렇지 못한 사람들에 비해 외상에 더 잘 대처할 수 있다고 보았다.

또한 사회 전체의 태도나 문화적 특징도 여기에 영향을 미칠 수 있다. 예를 들어, 강간 피해자들은 홍수나 화재 같은 재난 경험자들에 비해 외상의 극복이 더 어려울 수 있는데, 이것은 사회환경이 이들에게는 재난 경험자들에 비해 덜 지지적이라고 느껴질 수 있기 때문이다.

회복 시 환경의 질적 수준에 대한 강조는 윌리엄스와 포이줄라(2002)가 소개한 사건 후 요인에서도 드러난다. 윌리엄스와 포이줄라(2002) 역시 사건 후 요인 중 유익한 사회적 지지

의 존재 여부가 중요하다고 보았다. 사건 후 요인들을 소개하
면 다음과 같다.

- 유익한 사회적 지지의 결여
- 발생했던 사건과 관련해 아무것도 할 수 없는 무기력한
  상태
- 자기 자신을 돌보지 않으면서 자기 연민에 빠져 있는
  상태
- 능동적이기보다 수동적인 상태될 대로 되는 식의 태도
- 고통으로 인해 의미를 상실한 경우
- 급성 스트레스 장애acute stress disorder가 발병한 경우
- 신체적 각성을 포함한 외상 사건 동안, 혹은 그 직후의 즉
  각적인 반응과 회피 또는 마비 증상들을 보이는 경우
  (Friedman, 2000)

외상후 스트레스 장애의 심리사회적 모델은 모든 외상 경
험에 적용되는 일반적인 모델이라고 할 수 있다. 강력한 외상
경험, 취약한 개인 특성, 사회적 지지의 부족 등이 외상후 스
트레스 장애와 밀접한 상관을 보인다는 연구 보고도 있다. 이
가운데 특히 외상후 스트레스 장애의 발병을 가장 잘 예언하
는 것은 스트레스 사건의 심각도와 회복 환경에서의 심리사회

적 고립의 정도였다는 연구 결과도 있다.

지금까지의 내용을 통해 볼 때, 외상후 적응 과정을 병리적인 것으로 만드느냐 긍정적인 것으로 만드느냐는 심한 외상적스트레스를 경험하는 자체로서 어느 정도 장애가 발생할 기초를 형성하게 되고, 그 위에 회복 환경의 열악함이 더해질 때가능성이 매우 높아질 것으로 예상해볼 수 있다.

2) 심리사회적 모델의 적용: 강간 피해

심리사회적 모델을 좀 더 자세히 이해하기 위해, 강간 피해라는 외상 경험에 구체적으로 적용시켜 살펴보자. 킬패트릭, 에드먼즈와 세이모어(Kilpatrick, Edmunds, & Seymour, 1992)에 의하면, 강간은 전체 미국 여성의 13%가 표적이 되고 이중 31%가 외상후 스트레스 장애로 발병할 만큼 심각한 대인외상 사건이다. 특히 강간 피해자의 회복 환경이 중요한데, 우호적이고 지지적인 환경 여부가 외상후 스트레스 장애 발병에영향을 미칠 수 있기 때문이다.

(1) 개인적 특성(사전 경향성)
① 인구학적 요인

지금까지의 연구 결과로는 피해자의 연령이나 인종, 결혼

상태 등과 외상후 병리 간에는 관련성이 없는 것 같다. 강간의
경우, 외상후 스트레스 장애는 다양한 인구학적 집단에 공통
적으로 퍼져 있다고 볼 수 있다. 결혼 상태가 장애에 미치는
영향은, 이들의 배우자들이 사회적 지지를 제공하느냐 아니
면 또 다른 스트레스를 주느냐에 달려 있는 것 같다.

② 강간 이전의 적응 수준

강간 경험 이전의 심리적 적응이 좋지 않은 사람일수록 장
애가 생길 가능성이 높은 것 같다. 강간 이전에 심리적 문제를
경험했을수록 강간 후 1년이 지났을 때 우울과 불안을 더 심각
하게 경험한다는 연구 결과도 있다. 또한 이전의 정신과적 병
력, 약물 남용 경력 등도 강간 피해 후의 어려움과 관련이 있
는 것으로 나타났다.

③ 생활 스트레스

강간 이전에 만성적인 스트레스를 겪어온 사람들이 강간
피해 이후에 더 적응을 못한다고 한다. 이에 비해 순간적인 급
성 스트레스들은 장애로 발전되는 데는 별 영향을 미치지 않
았다. 또한 중간 정도의 생활 스트레스를 경험한 사람들이 매
우 높은 수준 혹은 매우 낮은 수준의 스트레스를 경험한 사람
들보다 더 잘 적응하는 것으로 나타났다.

④ 이전의 외상 경험

대체로 이전에 강간 피해 경험을 지닌 사람들이 그런 적이 없는 피해자들보다 더 심한 정신병리를 경험하며 회복이 느린 것 같다. 어떤 연구에서는 아동기 피해의 경험과 외상후 스트레스 장애의 심각성 사이에 관계가 있다는 결과를 얻었다고 한다.

(2) 외상 경험의 특성

① 피해자와 가해자의 관계

강간 후 증상의 심각성이 강간 피해자와 가해자가 어떤 관계인지에 따라 다른지를 연구한 결과는 아직 일관적이지 않은 것 같다.

예를 들어, 아는 사람에게 강간당한 경우와 낯선 사람에게 강간당한 경우의 증상들 간에 별 차이가 없었거나, 연구 결과가 서로 반대로 나타나기도 하였다. 단순히 아느냐 모르느냐보다는 그 관계의 질이나 폭력성 여부 등이 더 중요할지도 모른다.

② 강간의 폭력성

대체로 강간이 더 폭력적일수록 더욱 심한 정신병리를 보이는 것으로 나타났다. 그러나 폭력성을 무엇으로 보느냐에 따라서 결과가 애매한 것도 있었다. 예를 들어, 강간의 지속시간과 상처 여부는 외상후 스트레스 장애의 심각성과 상관이 있었지만, 무기의 사용 여부나 가해자의 수 등은 별로 상관이 없었다고 한다.

③ 생명위협의 지각

강간 중에 피해자가 생명의 위협을 느끼는 것은 강간 후 정신병 증상의 발현과 관련이 있다는 연구 결과들이 있다. 어떤 연구에서는 강간 중에 생명의 위협을 느끼는 것이 객관적인 강간 폭력의 심각성보다 강간 후 정신병리를 예언하는 더 좋은 지표가 된다고 하였다. 또한 강간 도중 생명의 위협을 느낀 피해자들은 그렇지 않은 피해자들에 비해 외상후 스트레스 장애 발병 가능성이 2.5배나 높았다는 연구도 있었다.

이때 생명의 위협을 느낀 시기가 반드시 강간사건 당시에만 해당되지는 않는 것 같다. 강간을 당한 후에 잘 회복되는 것으로 보이던 한 피해자가, 자신을 강간했던 강간범이 다른 경우에 사람을 죽이기도 했다는 것을 알게 되자 생명의 위협을 새삼 느끼고 외상후 스트레스 장애를 보였다는 일화도 있다.

(3) 회복 시 환경의 질적 수준

사회적 지지social support란 스트레스를 경험할 때 동료나 가족, 이웃에게서 여러 도움과 지지를 얻는 것을 말한다. 사회적 지지는 세상과 자기 자신에 대한 피해자의 부정적 자기도식을 바꾸어줄 수 있기 때문에 강간 이후의 회복에 영향을 미친다.

사회적 지지는 피해자의 세상과 자기에 대한 견해를 다음의 3가지 방식으로 변화시킬 수 있다. 첫째, 우호적인 사회환경은 피해자들로 하여금 그들 자신의 외상 경험을 이야기하도록 격려한다. 이는 피해자에게 외상 경험을 소화할 수 있게 한다. 둘째, 주변 사람들과의 긍정적인 상호작용은 세상은 항상 위험한 곳이라는 견해에 배치되므로 피해자가 좀 더 융통성 있는 도식을 갖게 한다. 셋째, 사회적 지지는 피해자의 외상후 증상들을 자연스럽고 당연한 것으로 여기도록 도와주어 그런 증상들이 피해자가 잘못해서 생긴 결과가 아님을 깨닫게 해준다.

사회적 지지의 긍정적인 효과를 검증한 연구에 의하면, 우호적인 인간관계를 맺고 있던 강간 피해자들이 그렇지 못했던 피해자들에 비해 더 빠른 회복을 보인 것으로 나타났다. 이를테면 지지적인 남편을 둔 강간 피해자들은 지지적이지 않은 남편을 둔 피해자들에 비해 강간 4주 후에 우울, 불안, 공포를 느끼는 강도가 현저히 낮았다.

사회적인 지지를 받지 못하는 것이 외상후 스트레스 장애 증상들을 악화시키기도 하지만, 반대로 외상후 스트레스 장애 증상으로 인해 사회적 관계를 맺기가 어려워지기도 한다. 특히 고립감이나 정서적인 마비와 같은 외상후 스트레스 장애의 증상들은 피해자의 사회적 관계에 악영향을 끼치게 된다. 결국 외상후 스트레스 장애의 즉각적인 증상들은 빈약한 사회적응을 초래할 뿐 아니라, 빈약한 사회적응도 외상후 스트레스 장애의 심각성에 영향을 미치는 악순환이 생기는 것이다.

악순환을 통해 외상후 스트레스 장애 증상은 지속된다. 즉각적인 증상 형성은 부적응적인 도식을 강화시키고, 이로 인해 사회적 고립을 초래하며, 이런 고립은 외상 경험의 성공적인 처리를 저해하게 된다.

(4) 사후 개인적 반응

① 강간 직후의 반응

강간 직후에 분노, 죄의식, 우울감, 불안 그리고 강간 관련 공포 등을 많이 느낄수록 외상후 스트레스 장애로 발전할 가능성이 높은 것 같다. 이런 증상을 많이 느낄수록 피해자는 자신이 무능하고 대처 능력이 부족하다고 인식하게 되며, 이런 인식은 결국 증상을 악화시키게 된다. 강간 직후에 피해자가 고통을 많이 느낄수록 9년 후의 부적응이 심하다는 연구도 있다. 또한 만성적인 외상후 스트레스 장애로 발전한 사람들은 그렇지 않은 사람들에 비해 강간 직후 2주에서 4주 사이에 심각한 고통을 경험했다는 연구 결과도 있다.

② 회피 정도

피해자들은 외상과 관련된 생각을 적극적으로 억압하려고 시도하거나 외상을 상기시키는 것을 피하려 하는데, 회피함으로써 정서적인 고통이 줄어들기도 하지만 극단적인 회피는 정서적 처리가 진행되는 것을 막기 때문에 좋지 않다고 본다. 따라서 회피 증상이 심할수록 외상을 재경험하거나 각성 수준이 증가할 것이다. 강간 및 성적 학대의 피해자들을 대상으로 한 연구에서는 이 가설을 지지하는 결과를 보였다. 연구에 따르면, 회피가 많을수록 오히려 각성 증상예: 불면이 더 많았고 외상의 재경험도 많았다.

③ 통제 가능성의 지각

피해자가 자신의 생활에서 일어나는 부정적인 사건들의 발생을 통제할 수 없다고 느낄수록 외상의 재경험과 각성 증상 등의 외상후 스트레스 장애 증상이 많이 나타났다.

④ 죄의식과 자기비난

앞에서 이야기한 것처럼, 외상 후에 즉각적으로 나타나는 증상들이 피해자로 하여금 자신을 '부적절한 대응자'로 느끼게 하고, 이런 자기비난은 증상들을 악화시킨다. 또 다른 유형의 자기비난은, 피해자 자신이 강간범을 무의식적으로 유혹했거나 강간을 저지하지 못했다고 생각하며 자신이 강간이라는 사건에 한몫했다고 생각하는 것이다. 이런 생각은 죄의식을 가져오며 강간 피해 후 더 어려움을 겪게 만드는 것 같다.

강간 피해를 자신의 내부요인들로 귀인시켜 자신의 탓으로 돌리는 피해자들이 외부요인으로 귀인시키는 피해자들에 비해 강간 후에 더 심한 부정적 반응을 경험한다는 연구 결과도 있다.

🔑 **저 주**

21세의 여성 S가 병원 응급실에 왔을 때 그녀는 손과 발에 수갑이 채워져 경찰에 의해 끌려온 상태였다. 응급실 직원들이 정신과 담당의사를 불러 그녀의 상태를 검사하도록 요청하였다. S는 갈색으로 염색한 머리에 아이 같은 얼굴을 한 매력적인 여성이었으며, 환자복을 입고 있었다. 그녀의 얼굴과 팔 등은 전날 밤의 흔적인 타박상과 긁힌 자국으로 온통 뒤덮여 있었다. 그녀는 눈을 두리번거리며 다리를 꼬고 앉아 미소짓고 있었는데 그 모습이 다소 유혹적이었다.

유리창이 없는 작은 면접실에서 면접이 이루어졌는데, 그곳은 담당의사와 5명의 레지던트, 그리고 2명의 사회사업가로 온통 북적댔다. 담당의사는 그녀에게 무슨 일이 일어난 것인지 물었다. 그녀는 남자친구의 집에서 접시를 닦다가 갑자기 가슴에 통증이 느껴졌다고 말했다. 남자친구의 어머니가 자신을 눕혔는데 정신을 차리고 보니 자신이 사슬에 묶여 응급실에 누워 있었다는 것이었다. 남자친구의 가족은 그녀에게, 그날 밤 그녀가 사나워져서 사람들을 마구 물려고 했다고 말해주었다.

그녀는 이런 일이 전에도 있었으며, 그녀가 열일곱 살 되던 해부터 발생했다고 보고했다. 이전에도 이런 일을 경험한 적이 있는 그녀의 남자친구는 이번에는 그녀가 칼을 들고 있어서 자신이 다칠지도 모른다는 생각에 경찰을 불렀다고 한다.

그 사건 동안 그녀는 비명을 질러대고, 깨물고, 발로 차고, 때때로 자신을 칼로 찌르려고 했다. 면접관은 그녀에게, "이렇게 계속 당신을 괴롭히는 발병이랄까 발작 같은 것을 당신은 뭐라고 부르나요?"라고 물었다. 그녀는 많은 사람이 있는 자리에서 얘기하기가 어렵다고 하였다. 면접관은 그녀를 설득하려고 시도하며 여기 있는 사람들 모두가 그녀를 도울 사람들이고, 많으면 많을수록 더 잘 도울 수 있다고 이야기하였다. 담당의사는 그녀에게 이렇게 유명한 병원에서 면접을 받는 것이 얼마나 다행한 일인지 알겠느냐고 말했으나 그녀의 태도는 완강하였다.

"당신은 비밀이 많은 사람이군요." 면접관이 이렇게 말한 후 한참 동안 침묵이 흘렀다. 면접관은 전략을 바꾸었다. "내가 몇 가지 질문을 할 테니, 당신은 원하는 것만 대답해주세요."

면(면담자): 당신은 많이 우나요?

환(환자): 그래요. (그녀의 눈이 커졌다.)

면: (직감적으로) 나쁜 일이 일어났군요, 맞지요? (그녀가 고개를 끄덕인다.) 그 나쁜 일에 대해서 다른 사람에게 말해본 적이 있나요?

환: 아니요. 아무에게도 말하지 않았어요.

면: 당신은 그 일에 대해 꿈도 자주 꾸나요?

환: 그래요. 하지만 꿈에서 그 일은 내 언니에게 일어나요.

면: 무슨 일이 일어났지요? (침묵) 당신은 그때 매우 어렸나요?

환: 그래요.

면: 열두 살? 열셋? 열넷?

환: 아니요.

면: 열다섯, 열여섯?

환: 아니, 더 어렸어요.

면: 열 살? 아홉 살?

환: 그래요. 내가 아홉 살 때였어요. 누군가가 나에게 무슨 일을 저질렀어요. 그 일이 나를 바꾸어 놓았어요. 그때부터 나는 달라졌지요. (그녀는 자신이 어떻게 달라졌는지를 말할 수 없었으며, 여전히 무슨 일이 일어났는지는 말하려고 하지 않았다.)

면: 당신 가족 가운데 누구였나요?

환: 아니요. 이웃에 사는 사람이었어요.

면: 그 일은 자주 일어났나요?

환: 아니요. 몇 번만요.

면: 다른 사람에게 알렸나요?

환: 아니요. 하지만 언니가 엄마에게 말했어요. 언니한테도 그랬거든요.

면: 엄마는 뭐라고 하던가요?

환: 아무 말도…

면: 그것이 당신 잘못이라고 생각하나요?

환: 아니요. 나는 단지 자다가 언니에게 그 일이 일어나는 꿈을 꾸었어요. 그리고 울면서 일어나지요.

면: 그때 일어났던 일과 당신에게 요즘 일어나는 일들이 관련이 있다고 생각해요? 이런 발병이랄까… 발작 같은 것을 당신은 뭐라고 말하나요?

그녀는 당황하면서 그것을 '저주'라고 부를 수 있다고 하였다. 그녀는 다음과 같은 이야기를 하였다.

그녀는 마약을 팔던 소년과 결혼한 적이 있었다. 그는 감옥에 갔고, 그의 어머니는 며느리인 그녀에게 화를 내며 언젠가 대가를 치를 거라고 저주하였다. 그 일이 있은 지 4년 후 그녀는 발작을 하기 시작하였다. 발작은 보통 2시간 정도 지속되었으며, 그럴 때마다 그녀는 종종 벽에 어릴 적 그 남자의 얼굴이 보인다고 하였다.

면: 그가 누구죠? (침묵) 당신을 다치게 한 사람인가요?

그녀는 울기 시작했다. 머리카락은 얼굴을 가렸고 그녀는 매우 긴장하였다. 그녀는 극도로 흥분한 듯이 보였으며, 방에 있는 사람들 모두 그녀가 당장 발작을 시작할 거라고 생각할 정도였다. 면접관은 더 이상 여러 명이 모인 장면에서 이야기를 진행시켜서는 안 된다고 판단하고는 다른 사람들에게 그녀와 단둘이 이야기할 수 있도록 자리를 비켜줄 것을 요청하였다.

그녀는 응급실에 남아서 밤을 보냈으며, 몇 차례 사회사업가와 면담을 하면서 다음과 같은 이야기를 들려주었다.

그녀가 아홉 살 되던 해에 그녀와 언니는 자신들을 학교에서 집으로 태워다주던 이웃집 아저씨에게 여러 차례 성폭행을 당했다. 그녀의 언니가 어머니에게 얘기했지만 어머니는 믿지 않았고 아무런 조치도 취하지 않았다. 그녀는 발작 중에 보이는 얼굴이 바로 이웃집 아저씨의 얼굴임을 인정하였다.

그녀는 열네 살에 결혼하였고 두 아이를 낳았다. 하지만 그녀는 결코 성관계를 즐겁게 생각하지 못했으며, 마약을 복용하였을 경우에만 성관계가 가능하였다. 성관계 중에 그녀는 종종 이웃집 아저씨의 얼굴이 떠오르곤 했다. 남편이 잡혀간 후 시어머니는 그녀의 두 아들을 데려가버렸다. 왜 이런 일이 일어났는지 그녀는 설명할 수 없었다. 그녀는 자신이 아이들을 사랑함에도 불구하고 아이들과 시간을 같이 보내야 할 때면 굉장히 긴장된다고 하였다.

그녀는 학교를 마치지 못하였고 직업을 계속 유지하지도 못하는 등 제대로 삶을 꾸려나갈 수가 없었다. 그녀는 새 남자친구와 함께 살기 시작했으며, 드라마 같은 것을 보면서 시간을 보내곤 했다. 가끔씩 매우 불안할 때가 있었다. 잠들기가 매우 어려웠으며, 잠을 자면 종종 악몽을 꾸다가 깨어나곤 했다. 그녀는 몇 달 전의 낙태 때문에 매우 우울해 하고 있었고, 차라리 죽어버렸으면 좋겠다고 생각하곤 했다.

3) 심리사회적 모델의 적용: 재난 피해

재난災難, disaster은 날씨 등의 자연현상의 변화, 또는 인위적인 사고로 인한 인명이나 재산의 피해를 말한다. 재난 가운데 자연현상과 관련된 천재지변을 재해災害 또는 재앙災殃이라고 부르기도 한다. 또한 사람의 실수 또는 부주의나 고의로 일어난 사고도 재난으로 보아 인재人災, 인재 사고라고 표현하기도 한다.

사회가 산업화되고 도시화되면서 댐 사고, 핵발전소 사고, 대지진 등 재난이 더 대형화되고 대량의 피해자가 생기게 되었다. 우리나라에서도 대량의 사상자가 발생한 건물붕괴 사고, 지하철 화재 사고, 여객선 수몰 참사 등이 있었다. 이런 사고들은 수많은 사상자를 양산하기 때문에 사회에 미치는 파급력이 크다. 온 지역 또는 온 나라 사람들이 사고 목격자가 되었기에, 사고 피해자뿐 아니라 주변의 모든 사람이 충격적인 사고의 영향에서 자유로울 수 없다.

대형 재난이 한 사람의 일이 아니라 모두의 일이기 때문에, 따라서 개인의 대처뿐 아니라 공동체가 어떻게 대처하느냐에 따라 공동체 전체의 정신건강 회복 수준이 달라질 수 있다. 정부, 언론, 지역사회 차원에서 보다 많은 관심과 애도 및 지지를 보낼 때 피해자와 공동체의 상처가 더 쉽게 회복될 수 있을 것이다. 반면, 정부, 언론, 지역사회가 재난에 무관심하고 피해자를 외면하는 경우, 이것이 피해자들에게 또 다른 상처로 남게 되며 공동체는 분열된다.

이번에는 재난 피해라는 외상 경험에 대해 심리사회적 모델을 적용시켜보자.

(1) 개인의 특성

재난은 누구에게나 갑자기 닥칠 수 있다. 재난 피해는 피해 당사자뿐 아니라 재난을 목격하는 사람들에게도 충격적인 일이다. 따라서 앞에서 언급한 것과 같은 일반론을 적용할 수 있을 것이다. 즉, 개인의 자아 강도가 강할수록 그리고 스트레스 사건에 대처할 자원이 많고 효율적인 방어기제를 사용할수록 외상 경험에 성공적으로 대처할 수 있을 것이다. 반면, 자아 강도가 약하고 미성숙한 방어기제를 사용하는 사람이라면 더 심한 상처와 후유증을 겪게 될 것이다. 이 밖에 외상 이전에 어떤 다른 스트레스나 정신증상을 갖고 있었는지도 중요하다.

(2) 외상 경험의 특성

대형 재난은 외상 사건의 요소를 골고루 갖추고 있다. 대형 재난은 다수의 사망자, 거의 죽을 뻔한 경험, 주변인의 죽음이나 신체적 상해를 목격하는 것, 비참한 생존 등 충격적이고 끔찍한 요소들을 많이 포함하고 있다. 게다가 언론을 통해 재난 소식이 전파되므로 직접적인 피해자뿐 아니라 간접적인 다수의 목격자에게도 영향을 미친다. 재난은 수습에 오랜 시간이 걸리므로 외상 사건에 대한 노출 기간도 긴 편이다.

그런데 재난의 경우 자연재해냐 인재냐에 따라 조금씩 다를 수 있다. 어쩔 수 없는 천재지변과 달리 대형 사고가 인간의 실수나 부주의로 일어날 수 있는데, 이 경우 안타깝고 원통한 마음, 분노, 책임감이나 죄책감 등을 유발할 수 있다.

(3) 회복 시 환경의 질적 수준

대형 재난의 경우 회복 시 환경의 질적 수준이 특히 중요하다. 공동체가 함께 재난을 극복하려는 분위기가 중요하며, 이러한 노력을 얼마나 조직적·지속적으로 할 수 있느냐가 중요하다.

미국 국립 외상후 스트레스 장애 센터에서 재난 후 반응을 3단계로 정리한 것이 있는데, 여기서도 역시 회복 단계의 중요성을 강조하였다.

① 충격 단계impact phase

재난이 당장 발생하고 있는 단계다. 이 단계에서 개인은 자신과 타인의 생명을 지키기 위해 사투를 벌이기도 하고, 또 어

떤 사람은 공포에 질려 비이성적이고 효과 없는 행동을 하기
도 한다.

② 재난 직후 단계immediate postdisaster phase
이 단계는 재난구조작업이 시작되는 단계rescue이며, 개인
은 재난의 영향을 받기 시작하는 단계recoil다. 개인에 따라 다
양한 정서반응이 발생할 수 있는데, 쇼크, 멍한 느낌, 악몽, 상
실에 대한 슬픔, 분노, 절망, 무망감 등을 느낄 수 있다.

③ 회복 단계recovery phase
재난을 당한 개인이나 공동체가 적응하고 평형을 회복해
가는 단계다. 이 단계는 다시 허니문 단계와 탈착각 단계로 구
분할 수 있는데, 허니문 단계에서는 사회나 정부, 언론 등 각
계각처에서 안전과 회복을 위해 공동 노력하는 단계이고, 탈
착각 단계는 허니문 시기가 지나 더 이상 사회나 정부, 언론에
서 주목을 받지 못하고 상실과 고통을 더욱 절실하게 깨닫게
되는 단계다. 회복 단계는 이제 겨우 기본적인 안전 욕구가 해
소되지만, 동시에 다양한 정서적 욕구가 깨어나기 시작하는
단계이므로 지속적인 관심과 보살핌이 요구된다(Raphael,
1986).

> ### 🔑 검은 홍수

1972년 2월 미국 웨스트버지니아 주에 위치한 버팔로 강의 댐이 무너지는 사고가 발생했다. 강 상류에 석탄회사에서 쌓아 놓은 석탄들을 삼킨 검은 물의 홍수가 강을 따라 자리잡은 모든 마을을 덮쳐버렸다. 이 사고로 125명이 죽고 4,000여 명의 이재민이 발생했는데, 사망자 중 7명은 끝내 발견되지 않았다.

재난이 끝난 지 수년이 지나서도 생존자들은 심한 심리적 고통을 계속 받았다. 생존자들에게서 나타나는 증상은 참전용사들이 보이는 것과 매우 유사하였다. S와 P도 그들 중 한 사람이었다.

"폭풍이 올 때마다, 당연히 홍수가 발생할 거라는 생각을 떨쳐버릴 수 없어요. 그 느낌에서 벗어날 수가 없는데, 어찌할 도리가 없습니다. 비가 올 때마다 그 더러운 느낌이 떠오르고…. 지금은 언덕 위에 살고 있지만 그렇다고 공포가 사라지

는 것도 아니더군요. 비가 오거나 폭풍이 올 때마다 나는 손전 등부터 챙깁니다. 새 집은 강둑에서 150미터나 위에 있지만, 30분마다 한 번씩 그쪽을 봐야 안심이 됩니다…. 밤에 잠을 자도 그 일이 다시 떠올라요. 꿈속에서 나는 항상 물에 쫓기고 있어요. 제일 끔찍한 것은 그런 꿈을 계속해서 꾼다는 것이죠."(S의 진술)

"우리 아들은 밤에 잘 때는 꼭 옷을 여러 겹 껴입습니다. 그 애의 말로는, 댐이 다시 무너지더라도 추위에 시달리지 않기 위해서라나요. 비가 오면 그 애는 저에게 언덕 위로 올라가야 되지 않냐고 계속 물어댑니다. 딸애는 그때 아주 어려서 아무 것도 모를 텐데도, 사람들에게 까닭없이 적대적으로 대합니다. 마치 누군가를 다치게 하려는 듯 보여요. 총명하긴 한데 또래에 비해 훨씬 나이들어 보입니다. 홍수가 나기 전에 딸애는 인형을 가지고 노는 걸 좋아하더니만, 이제는 인형들의 눈을 빼버리고 팔을 찢어버립니다. 비가 오기만 하면 장난감 전화로 아빠에게 댐이 무너지고 있으니 빨리 와서 자기를 데려가라고 합니다. 애들이 자기 또래에 짊어지기에는 너무 큰 짐을 진 것 같아요."(P의 진술)

이 3단계 모델을 살펴보면, 회복 단계에서 허니문 시기가 지나는 시점에서 피해자들이 외면되고 소외될 수 있음을 지적하고 있다. 피해자들이 공동체로부터 관심과 지지를 받고 있다고 느끼느냐, 아니면 반대로 외면되고 소외된다고 느끼느냐에 따라 추후 후유증 극복과 회복 과정에 차이가 있을 수 있다. 따라서 우호적이고 보살핌을 받는 느낌을 줄 수 있도록 조직적이고 지속적인 공동체의 노력이 특히 중요할 것이다. ◆

외상후 스트레스 장애를
어떻게 치료할 것인가

3

1. 치료의 일반적 지침

외상후 스트레스 장애 치료 작업의 최종 목표는 환자 자신이 외상이 발생하기 이전의 기능 수준으로 회복되는 것이다. 기능 수준을 회복한다는 것은 환자들이 외상 이전에 가졌던 세계로 그대로 되돌아간다거나 있었던 사건을 없었던 일로 여기게 되는 마법이 아니라, 외상적 사건을 받아들이고 그 경험들을 통합하여 일상생활에 잘 적응하게 된다는 뜻이다.

외상후 스트레스 장애 환자들은 외상이 자신의 세계를 뒤흔들어버리는 것을 경험한다. 그렇기 때문에 이들은 정확히 외상 이전의 상태로 되돌아가기 어렵다. 하지만 외상 경험과 같은 스트레스에 더 잘 대처할 수 있게 자아 능력을 키운다든지 유연한 행동방식과 사고방식을 익힐 수 있다. 외상후 스트레스 장애를 치료하는 일은 결코 쉽지 않지만, 다음의 지침들을 이해하고 실행해나갈 수 있다면 또한 결코 불가능한 일도 아닐 것이다.

1) 치료는 곧바로 시작할수록 좋으나 결코 너무 늦은 때란 없다

외상 경험으로 인해 심리적 평형 상태가 깨지게 되면 사람들은 '정서적 위험 상황'에 처하게 된다. 사람들은 이런 상황에 닥치면 의식적 혹은 무의식적인 대처 방식을 사용한다. 일단 외상적 사건을 겪고 이에 대해 병리적으로 대처하기 시작하면 건강한 해결을 볼 수 있는 길은 점점 더 멀어진다. 이를 막기 위해서라도 치료는 빨리 시작할수록 좋다. 급성 외상후 스트레스 장애 경향을 보이는 사람들의 치료 효과가 훨씬 더 좋다는 결과는 이런 생각을 뒷받침해 준다. 지연된 외상후 스트레스 장애 환자나 만성 외상후 스트레스 장애 환자의 치료는 더 오래 걸리고 더 복잡해질 수 있다.

외상 경험을 한 많은 경우에 치료받기를 주저한다. 예를 들어, 아이가 성폭행을 당하고 학교를 가지 않으려고 하는 경우 어머니는 아이를 상담받게 하는 것이 좋을지 어떨지 망설인다. 상담을 받지 않으면 오히려 그냥 넘어갈 수 있거나 잊힐 수 있는 일을, 상담을 받음으로써 괜히 더 문제를 부각시키고 자꾸 상기시키는 것 같아서 더 좋지 않을 것이라고 염려한다.

그러나 기억의 문제는 그렇게 간단치 않다. 잊으려고 애쓴다고 해서 영원히 잊히는 것이 아니다. 순간적으로 잊힐 수는 있지만 단지 무의식으로 가라앉을 뿐이다. 그러다가 나중에 스트레스가 많은 시기인 사춘기나 중요한 시험을 앞둔 때, 졸업 무렵 혹은 결혼문제가 부각되는 등의 시기에 어떤 식으로든 문제를 일으킬 수 있다. 뿐만 아니라 아동의 경우라면 앞으로 외상 경험을 안고 살아가면서 그 경험으로 인해서 성격 형성에 영향을 받을 수 있고, 성인의 경우라도 현실 생활에 타격을 받음으로써 더욱 여건을 악화시킬 수 있기 때문에 치료가 너무 지연되지 않는 것이 좋다.

여러 가지 이유로 곧바로 치료받을 기회를 갖지 못하는 경우에라도, 어려움이 계속되고 있다면 너무 늦었다고 생각하지 말고 용기를 내서 치료를 받는 것이 바람직하다.

2) 증상들이 자연스러운 반응임을 이해한다

외상후 스트레스 장애 환자들은 비정상적인 사건을 경험한 사람들이다. 이들에게서 나타나는 증상들은 대부분 이러한 비정상적인 사건을 경험한 사람으로서 가질 수 있는 자연스러운 반응들이라고 할 수 있다. 예를 들면, 침투적 경험이 자꾸만 재발하는 것은 자연스러운 현상이라고 볼 수 있다. 또 공포반응도 정상적일 수 있으며, 해리 현상도 단기적으로는 도움이 되는 최면 경험이라고 볼 수 있다. 이러한 증상들은 너무 오래 지속되어 주관적으로 괴롭고 현실생활을 방해한다는 측면에서 치료를 받을 필요가 있는 것일 뿐, 충격적인 사건을 경험한 사람으로서 그러한 증상이 나타난다는 것은 당연한 일일 것이다.

따라서 환자는 이러한 증상들로 인해 비정상이 되어간다고 여기지 말고 아직은 시간이 필요하다고 마음먹는 것이 좋다. 증상이 지속된다는 것은 아직 소화되지 않고 통합되지 않은 체험의 부분들이 있다는 것을 의미하므로, 환자 자신이 주위의 도움을 받아 자신의 자원을 활용하여 이 경험을 이겨낼 수 있도록 각오를 다져야 할 것이다.

3) 지지적인 관계를 맺는다

앞에서도 언급한 것처럼, 사회적 지지의 유무는 환자의 회복 여부를 결정하는 매우 중요한 요소다. 사회적 지지를 줄 수 있는 사람으로는 우선 가족, 친지, 친구, 이웃을 생각해볼 수 있다. 이들의 이해와 격려, 정신적·물질적 도움 그리고 꾸준한 기다림 등이 있다면 충격에서 벗어나는 데 크게 도움이 될 것이다. 또한 같은 경험을 했거나 이미 어느 정도 극복한 사람들의 모임 혹은 이들을 돕는 기관이나 단체에 참여하는 것도 좋은 방법이다.

〈공포탈출Fearless〉이라는 영화를 보면 비행기 사고의 생존자들끼리 서로 돕는 모습이 나온다. 같은 경험을 했기 때문에 동지애 같은 것이 형성되어 서로에게 지지적 역할을 해줄 수 있는 것이다. 또한 이 영화에서는 무엇보다도 아내의 기다림과 아이의 존재가 주인공이 충격을 극복하는 데 결정적인 역할을 하는 것을 보여주고 있다.

때로는 환자가 스스로 위축되어 있어서 폐쇄적인 태도를 보일 수도 있고, 주변에서도 지지해줄 만한 여력이 없을 수도 있다. 예를 들어, 성폭행과 같이 혼자 당한 일이라면 남에게 이야기하는 것조차 엄두가 안 날 수 있다. 가족이나 친한 친구라 하더라도 그 이야기를 듣고 어떻게 생각할지 안심이 안 되기 때문에 혼자서 괴로워하는 것은 흔히 볼 수 있는 모습이다.

그런 경우에라도 만약 치료자와 좋은 관계를 맺을 수 있다면 지지적 환경을 만드는 데 매우 도움이 된다. 치료가 시작되면 치료자는 안전한 분위기 속에서 환자의 이야기를 듣고 공감하는 가운데 우호적인 관계를 맺으려고 노력한다. 외상후 스트레스 장애를 치유하는 데 있어서는 환자가 고통스러운 기억과 체험에 직면하여야 되므로 신뢰할 수 있는 사람이 절대적으로 필요한데, 치료자와 우호적인 관계를 맺게 되면 지지자를 최소한 한 명은 확보하는 셈이다.

4) 회피를 줄여나간다. 즉, 기억을 되살린다

외상후 스트레스 장애가 치료되기 위해서는 회피의 감소가
중요하다. 회피는 정서 및 감정의 회피둔감, 사건기억의 회피기
억상실증, 행동적 회피공포반응, 해당 사건에 대한 의사소통의 회
피 등 여러 수준에서 일어날 수 있다. 왜 외상의 극복과 치료에
서 회피 줄이기를 강조하는가? 환자들이 외상 경험과 관련된
모든 것을 회피해버린다면 이 경험 자체를 소화해낼 수가 없
기 때문이다. 이렇게 되면 충격적 경험은 해로운 채로 그대로
남아있게 된다. 이러한 회피는 그 자체가 이차적 문제가 되어
상황을 악화시킨다. 예를 들면, 회피하는 범위가 점점 넓어져
아예 가족과도 이야기를 거의 안 하게 되고 고립될 수 있다.

어떤 치료법에서든지 외상과 그에 대한 감정이나 생각을
생생하게 이야기하고 정화시키는 것이 포함된다. 반드시 치료
장면이 아니더라도 일상생활에서 비교적 안전하게 느껴지는
사람에게 외상에 관한 이야기를 자주 하는 것은 치유에 필수
적이다. 이를 위해서 환자는 외상 경험을 가족이나 파트너에
게 이야기할 수 있는 적절한 의사소통 기술을 가져야 하며, 한
편으로는 배우자나 가족도 환자의 무거운 얘기를 경청하는 기
술이 필요하다.

여러 사람이 공유할 수 있다는 측면에서 역시 영화의 예를

들면, 〈사랑과 추억The Prince of Tides〉이라는 영화는 남자주인공이 어릴 적 성폭행당한 경험을 치료자에게 이야기함으로써 자신의 부부관계 문제를 치유하는 과정을 보여준다. 〈굿윌헌팅Good Will Hunting〉이라는 영화에서도 천재성을 가지고도 방황하던 한 청년이 상담 과정에서 어릴 적 폭행당한 경험을 이야기하는 것으로 방황을 끝내고 새로운 삶을 찾게 되는 모습을 보여준다. 이러한 과정은 결코 쉽지 않으며 상담자와 신뢰관계를 맺는 것 역시 무척 어렵다는 것을 이 영화들은 잘 그려내고 있다.

치료법에 따라서는 대화보다 좀 더 적극적인 노출 전략이 사용되기도 한다. 이 방법은 실제 상황이나 실험실에서 외상 상황과 유사한 상황에 노출시키는 것을 말한다. 그런데 이 전략을 사용할 때 환자는 상당한 부담을 느낄 수 있으므로 환자에게 다음과 같이 치료에 대해 충분히 설명해주는 것이 필요하다.

회복을 위해서는 심리적으로 고통스러운 경험을 반드시 다루어야 합니다. 충분히 음미되지 않은 기억들은 외상 경험을 유발시키는 많은 단서와 연결되어 있고, 이러한 연결된 단서들은 원래의 고통스러운 외상 경험을 불러일으킵니다. 환자들은 이런 단서들을 회피함으로써 고통을 멈추는 방식을 익혀왔습니다. 그러나 이런 방식으로 인해 이제는 고통스러운 기억 자체와 연결된 단서 모두를 두려워하며 살고 있습니다. 노출치료는 고통스러운 경험을 안전한 장소에서 재경험하는 것입니다. 이 치료의 장점은 고통스러운 경험에 덜 민감하게 함으로써 덜 공포스럽게 느끼게 해 준다는 것입니다.

5) 외상 경험을 중립적으로 평가한다

외상 경험의 평가에서 중요한 것 가운데 하나가 귀인歸因, attribution이다. 귀인이란 원인이 어디에 있느냐 하는 질문과 관련된 것으로 크게 자기 자신에게 원인을 돌리는 경우와 타인에게 원인을 두는 경우 그리고 상황에 원인을 두는 경우의 3가지 귀인양식이 있다.

귀인양식은 정신건강과도 밀접하게 관련이 있다. 상황에 따라 융통성 있고 적응적인 방식으로 귀인을 하는 사람들은 스트레스를 덜 받고 일상생활에서 잘 기능할 수 있다. 예를 들어, 고속도로에서 위험한 속도로 질주하는 차를 보고 난폭한 운전자에게 원인을 돌린다면 "저런 나쁜 자식!"이란 욕이 나오지만, 응급 상황이 발생했을 것이라고 상황에 귀인을 한다면 훨씬 마음이 편해진다. 이런 귀인양식은 상황에 따라 융통성 있게 변하지만, 사람마다 어떤 한 가지 귀인양식을 주로 사용하는 경향도 있다.

사실 거의 모든 치료법은 환자들의 귀인양식을 변화시키려고 노력한다. 왜냐하면 외상 경험을 한 사람들은 귀인을 잘못하는 경우가 많기 때문이다. 이들은 자신의 힘으로는 어떻게할 수 없는 극한 상황이었음에도 불구하고 어떤 행동이든 했어야 한다고 끈질기게 생각하는 경향이 있다. 그래서 자기 탓내부귀인을 하는 경우가 많아 죄의식을 갖게 되는 것이다.

이러한 죄의식을 누그러뜨리는 것은 상당히 오랜 시간이걸리지만 반드시 필요한 작업이다. 귀인양식을 변화시킴으로써 환자들은 고통스러운 기억과 정서를 극복하고 자신감을 가지며, 자기 자신을 수동적 희생자로 간주하던 심정에서 벗어나 능동적 생존자로 여길 수 있게 된다.

앞에서 예로 든 〈공포탈출〉이란 영화를 다시 들여다보자. 비행기 사고의 생존자 중에는 두 살 난 아들을 잃은 여성이 있다. 이 여성은 비행기가 추락할 때 아이의 안전벨트가 잘 안채워지자 스튜어디스의 안내로 아들을 무릎에 앉힌 상태로 떨어졌다. 결국 아이는아마도 튕겨져 나갔을 것이고 죽었다. 이 여성은자기가 아이를 놓쳤다는 사실에 죄책감을 갖고 괴로워한다. 비행기가 추락하면서 일어나는 물리적 충격에도 혹은 의식을잃게 되면서도 아이를 놓치지 말았어야 했다는 비현실적인 생각을 하는 것이다. 이 영화에서는 주인공이 무모하지만 실험적으로 이것이 불가능하다는 것을 그 여성에게 보여줌으로써 그녀가 죄책감에서 벗어나게 만든다. 여하튼 외상적 경험은 잘못된 귀인으로 인해서 여러 죄책감을 낳고, 그로 인해 피해자들은 괴로워하는 것이다.

귀인양식 외에도 외상 경험을 평가할 때 개입하는 요소에는 사건에 대한 예측 가능성, 통제 가능성, 유죄 가능성 등이 있다. 그런데 환자들은 이 부분에서도 잘못 판단하는 경향이 있다. 예측 가능성이란 '재난적 결과의 발생은 미리 예측될 수 있었을 것'이라는 생각이다. 통제 가능성이란 '적절한 행위에 의해 이런 외상적 결과가 달라졌을 수 있다'는 생각이다. 유죄 가능성이란 '나의 행위는 이 결과와 직접적인 관련이 있다'는 생각으로 앞서 언급한 귀인양식과 통한다.

또한 2장에서 언급한 자기 비취약성(나에겐 일어나지 않을 거야, 인생이 의미 있음, 세상의 공정성, 자기 존재의 가치감 등 기본적인 삶의 가정들이 달라진다. 이러한 변화는 극단적인 공포, 불신, 자기비난을 가져올 수 있다. 이렇게 외상적 경험에 대한 평가 및 그로 인한 세계관의 변화와 관련된 주제들을 다루는 것을 '인지재구성 전략'이라고도 한다.

환자는 외상 경험 이전과 이후의 삶의 가정들을 살펴봄으로써 이러한 기본 가정들의 존재를 인정하게 되고, 좀 더 균형

잡힌 견해를 선택하며, 극단적인 반응을 중화시키게 된다. 치료자는 환자가 이러한 암묵적인 가정들을 발견할 수 있도록 촉진자 역할을 해주게 되고, 그럼으로써 환자는 결국 가정들을 수정할 수 있게 된다. 또한 인지적 재구성은 예언 가능성, 인과관계, 책임감 등과 관련된 귀인 오류를 교정하는 데 도움이 된다.

6) 의사의 지시에 따라 약물치료를 병행할 수 있다

심리치료와 함께 약물치료를 병행할 수 있다. 약물치료를 하는 것은 몇 가지 이유와 이점이 있다. 우선 약물치료는 당장의 심한 고통을 경감시켜줄 수 있다. 예를 들어, 불안, 우울, 수면장애, 과도한 각성, 침투적 사고가 너무 심하면 그 증상들로 인해 적응적으로 대처할 수 없게 된다. 약물치료는 이러한 증상들을 감소시킴으로써 증상으로 인해 또 한 번 상처입는 것을 막는 효과가 있다. 또한 고통스러운 증상을 완화시킴으로써 심리치료가 가능하도록 할 뿐만 아니라 치료 효과를 더욱 높일 수 있다.

두 번째 이유는 이론적으로 설명할 수 있다. 외상후 스트레스 장애가 생물학적으로 야기된 장애라고 간주될 수 있다면, 이 장애와 관련이 있을 것으로 간주된 생물학적 체계에 영향을 주는 약물을 사용하는 것이 효과가 있을 것이다. 외상후 스트레스 장애의 주요 증상인 침투 사고와 과도한 각성은 생물학적 기초를 갖는다고 보이는 증상이다. 이 증상들은 약물의 효과가 비교적 높다고 한다. 반면, 회피 증상들은 우울증의 결과로 생긴 회피가 아니라면 약물치료가 거의 도움이 되지 않는다고 한다. 따라서 약물로써 고통의 정도를 줄일 수 있는 증상들은 의사의 처방에 따른 약물치료의 도움을 받는 것이 필요할 것이다.

그러나 약물치료만 단독으로 사용하는 것은 이 장애의 고통을 중화시키기에는 충분치 않다. 어디까지나 약물치료는 부가적 치료로서 최선으로 간주된다. "약물은 증상이 너무나 격렬할 때 증상을 경감시키고 적응을 돕는다"는 것이다(Roth, 1988). 대다수의 연구자는 약물 사용으로 다른 치료적 개입을 대신하지는 말아야 한다고 제안한다. 그러나 약물치료가 더 포괄적인 치료적 방식의 전체적 효과를 증진시키는 것은 틀림없다.

이 외에도 로스(Roth, 1988)는 외상후 스트레스 장애의 약물치료와 관련된 몇 가지 심리적 문제를 언급하였다. 우선, 약물치료를 시작하기 전에 환자에게 공개적으로 동의를 구해야 한다. 동의를 구하지 않은 채 약물을 사용하면 환자에게는 또 다른 압박 상황이 된다고 한다.

그리고 약물치료 종결의 문제도 있다. 약물치료를 종결하면 환자는 자신이 다시 좋아졌다는 증거로 받아들이고 구원감을 느끼게 된다. 한편, 어떤 사람에게는 약물치료의 종결이 위협이 될지도 모른다. 왜냐하면 그것은 더 이상 사회가 그들을 그들 자신이 느끼는 만큼 '아픈 사람'으로 고려하지 않는다는 신호가 되기 때문이다. 법적 소송이 걸려있는 경우, 약물치료의 중단은 환자 상태의 호전으로 간주될 수도 있다.

7) 끈기를 가지고 치료에 임해야 한다

외상후 스트레스 장애 환자를 치료하는 과정에서 여러 어려움이 있을 수 있다. 그중 반복적으로 나타나는 침투 증상들은 치료 과정에서 상당히 끈기를 요하는 어려운 부분이다.

평가 과정에서의 문제점도 외상후 스트레스 장애 환자의 치료를 방해할 수 있다. 평가 과정의 문제란 외상후 스트레스 장애의 진단을 내리는 과정에서 발생하는 문제다. 큰 사고가 발생하면 보험회사나 관련 기관들은 보험금 지급과 관련하여 환자들의 정신장애 여부를 철저히 규명하려 한다. 이런 과정에서 환자들은 또 한 번 상처를 입을 수 있다.

이 외에도 다양한 문제가 발생한다. 예를 들면, 환자는 권위적인 인물에 적개심을 품으며, 어느 누구도 자신의 외상 경험을 진심으로 이해하지 못할 거라고 생각하고 치료자와도 의사소통을 꺼려 대인관계에 심각한 어려움을 겪는다. 또한 술과 마약 등의 물질을 남용하거나 극도의 정신적 마비를 보이기도 한다. 대체로 이들에게는 죄의식과 수치심이 만연되어 있다. 이로 인해 치료자들도 어려움을 겪게 되는데, 때로는 환자가 '악당'처럼 보이기도 하며, 치료자 자신이 무력감에 빠지는 경우도 드물지 않다. 이렇듯 많은 장애물이 나타날 수 있기에 인내심과 희망을 갖고 치료를 계속해나가는 것이 특히 중요할 것이다.

8) 주저앉았던 자리에서 일어나 앞으로 나아간다

외상후 스트레스 장애를 치료한다는 것은 무엇인가? 그것은 단지 외상 사건을 경험한 후 생긴 불안, 회피, 약물 남용, 침투 증상들을 없애는 것만을 의미하지는 않는다. 사람들은 흔히 그런 증상들이 없어지면 치료가 다 된 것으로 여길 수 있다. 비유를 통해 설명하자면, 가만히 서 있다가 외상 사건의 충격으로 주저앉게 된 환자가 다시 서게 된다면 그것으로 치료가 되었다고 할 수 있을 것이다. 그러나 다시 원래대로 서는 것만으로는 부족할 수 있다. 앞으로 좀 더 나아가는 것이 필요하다. 이것은 증상의 치료를 넘어서 좀 더 넓은 의미의 치료,

🔑 성폭력 치유의 단계

이것은 『아주 특별한 용기(The courage to heal)』(이경미역, 2000)라는 책에서 저자가 어릴 적에 성폭력을 당한 사람들을 위한 치료 단계로 정리한 내용이다. 여기서 제시하는 지침들은 일반적인 외상후 스트레스 장애 환자에게도 마찬가지로 적용될 수 있을 것이다.

1. **치유를 결심하기**: 일단 당신의 삶에 성폭력의 파장이 뿌리 깊게 번져 있음을 깨닫고 나서 치유하겠다는 적극적인 다짐을 하는 것이 필요하다. 근본적인 치유는 당신이 그것을 선택하고 기꺼이 스스로를 변화시켜나갈 때만 가능하다.

2. **위기 단계**: 기억이 떠오르면 그동안 억눌러왔던 감정들을 만나기 시작하는데, 이때 당신의 삶은 급격한 소용돌이에 휘말릴 수 있다. 그러나 이것은 단지 하나의 단계에 지나지 않으며, 결코 영원히 지속되지 않는다는 것을 기억하라.

3. **기억하기**: 많은 생존자가 어릴 때 일어났던 일들을 기억하지 않으려고 억누른다. 사건의 진상을 잊지 않고 있는 이들이라 하더라도 종종 그 당시 어떤 심리 상태였는가를 잊는 경우가 있다. 이 단계는 지나간 기억과 감정을 모두 불러일으키는 과정이다.

4. **그것이 일어났음을 믿기**: 생존자들은 자신이 인식하고 있는 바를 종종 의심하기도 한다. 성폭력이 실제로 일어났다는 것, 그리고 그로 인해 자신이 상처를 입었다는 사실을 믿게 되는 것이야말로 치유 과정에서 중요한 부분이다.

5. **침묵 깨기**: 어른이 된 대부분의 생존자는 성폭력을 당했던

사실을 어릴 때의 비밀로 간직하였다. 자신에게 일어났던 일을 다른 사람에게 이야기하는 것은 그동안 생존자가 지니고 살아왔던 수치심을 꺾을 수 있는 강한 힘이다.

6. **자신의 탓이 아니었음을 이해하기**: 아이들은 성폭력이 자신의 잘못 때문에 일어났다고 생각하기가 쉽다. 어른이 된 생존자는 비난받아 마땅한 책임 소재(가해자에게 직접적인 책임이 있다)를 분명히 밝혀야 한다.

7. **자기 내면의 아이와 만나기**: 많은 생존자가 상처받기 쉬운 자신의 취약점을 돌보지 않았다. 내면에 있는 아이와 친밀하게 만나면 스스로에게 애정을 느끼게 되고 가해자에게 훨씬 큰 분노를 느끼게 된다. 뿐만 아니라 다른 사람들과는 더욱더 친밀한 관계를 만들어갈 수 있다.

8. **자신을 신뢰하기**: 치유로 이끄는 가장 좋은 안내자는 자기 내면에서 들려오는 목소리다. 자신의 깨달음과 감정, 직관을 신뢰하는 법을 배움으로써 새로운 행동방식의 토대를 구축할 수 있다.

9. **슬퍼하고 애도하기**: 아이였을 때 성폭력을 당한 뒤 살아나려고 애쓴 대부분의 생존자는 자신이 무엇을 잃었는지조차 느끼지 못한다. 애도는 당신의 고통을 존중하고 여기에서 벗어나서 당신 자신으로 하여금 현재에 충실하게 하는 방법이다.

10. **분노는 치유의 중추**: 분노는 강력하면서도 당신을 자유롭게 하는 힘이다. 분노할 필요성을 느꼈든 혹은 충분히 분노할 여지를 마련했던 간에, 당신의 분노를 가해자에게 그리고 당신을 보호하지 못했던 사람들에게 정면으로 들이미는 일은 치유에 필수적이다.

11. **드러내기와 직면하기**: 가해자 또는 가족과 직접 맞닥뜨리는 일이 모든 생존자에게 가능한 것은 아니지만 극적이고 명쾌한 방법이 될 수 있다.
12. **용서**: 사람들은 종종 가해자를 용서하라고 권유하지만 이는 치유 과정에 필수적인 부분은 아니다. 오히려 자기 스스로를 용서하는 것이야말로 필요 불가결하다.
13. **영성**: 당신보다 더 큰 존재가 있음을 아는 것 또한 치유 과정에 유용한 자산이 될 수 있다. 영성은 고유한 개별적 체험이다. 전통적인 종교나 묵상, 자연 혹은 지지집단을 통해서 영성적인 성숙을 찾을 수 있다.
14. **통합과 전진**: 이러한 단계를 반복적으로 거치다 보면 통합의 순간에 이르게 되고 자신의 감정과 깨달음은 안정을 찾게 될 것이다. 이로써 성폭력을 휘두른 가해자나 가족과 관계를 맺게 될 것이다. 이는 자신이 살아온 역사를 지워 없애지 않으면서도 삶을 심오하게 변화시켜나가는 것이다. 치유를 통해서 깨달음과 공감과 힘을 얻음으로써 더 나은 세상을 위하여 일할 기회를 갖게 될 것이다.

즉 정신의 성장과 성숙을 의미하는 것이다.

외상후 스트레스 장애를 치료할 때는 원래대로 되돌리는 것뿐만 아니라 발전하는 것이 필요할 수 있다. 외상 사건을 경험했다는 것은 명백한 사실이며, 시간을 되돌려 그것을 없던 것으로 할 순 없을 것이다. 그것은 실재하는 것이며, 추후에는 그 경험과 기억을 가진 채로 살아가야 한다. 즉, 환자의 삶은 외상 경험 이전의 익숙한 삶과 외상 경험 이후의 새로운 삶으로 구별되게 된다. 따라서 외상을 경험하기 이전에 갖추지 못했던 새로운 사고 방식이나 대처 방식, 의사소통 방식, 인간관계 방식이 필요할 수 있다. 이런 자원들이 새롭고 때로는 힘겨운 삶에서 자신을 지탱해줄 수 있을 것이다. ◆

2. 초기 위기상황 개입

　어떤 충격적인 사건을 경험하고 심리적으로 위험한 상황에 처하게 되었을 때 즉시 개입하는 것을 위기 개입crisis intervention 이라고 한다. 예를 들어, 성폭력 피해가 생겼을 때는 신체적 위험과 심리적 붕괴를 막기 위해 즉각 개입하는 것이 필요하 다. 성폭력 피해자가 강렬한 분노, 죄책감, 혼란, 자살충동에 휩싸여있다고 가정해보자. 어떤 개입을 해야 할 것인가?

　위기 개입이란 '피해자가 적응적 수준으로 기능을 회복하 도록 지원하고 정신적 외상의 잠재된 부정적 영향을 방지하거 나 최소화하기 위해 긴급하게 시행하는 정신적 관리 대책'이 라고 정의할 수 있다(Everly & Mitchell, 1999). 위기 개입은 초 기 심리적 개입early psychological intervention, 심리적 · 정서적 응급 지원psychological/emotional first aid, 위기상황 스트레스 관리critical incident stress management 등의 여러 명칭으로 혼용된다고 한다(재난정신건강위원회, 2015).

위기 개입은 위기상황에 즉각적으로 개입하여 단기 원조를 제공하기 위한 것인데, 이때 항상 심리적 위기 개입과 환경적 지원의 2가지 요소를 동시에 고려해야 한다. 흔히 정신장애의 치료에는 약물치료나 심리치료 유형을 떠올리기 쉽지만, 충격적인 외상 사건들 중에는 긴급한 환경적 지원을 필요로 하는 경우가 많다. 강간 피해자의 경우, 의료 지원을 통해 상처 치료와 원치 않는 임신을 예방해야 하며, 법적 지원을 통해 추후 발생할 법적 문제를 대비할 수 있도록 도와주어야 한다. 가정폭력 피해자의 경우, 당장 폭력을 피해 머무를 수 있는 주거 지원이 절실할 수 있다. 심리적 지원은 그다음 순서로 이루어질 수 있다.

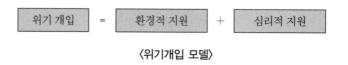

〈위기개입 모델〉

그렇다면 구체적으로 어떻게 하면 될까? 앞서 언급한 성폭력 피해자의 경우에 적용해보자. 전문가는 가장 먼저 침착한 태도를 유지한 채 무슨 일이 있었는지를 물어보고, 피해자가 현재 느끼는 감정에 대해 지지하며, 자살 충동이 있는지 확인하고, 자살 충동이 가라앉고 혼란감에서 회복될 때까지 계속 이야기를 들으며 피해자를 진정시킬 필요가 있을 것이다. 이런 식으로 피해자와 지지적 관계를 맺으면서 당장 필요한 지원이 무엇인지 신속히 파악하고, 피해자에게 해당 지원 체계에 대해 안내하거나 다음번 만남을 약속하여 위기 개입을 계속 이어나가도록 해야 할 것이다. 다음번 만남을 약속하는 것은 매우 중요한데, 이는 피해자가 충동적인 행동을 하는 것을 예방하고, 당면 문제를 해결할 수 있는 여지가 있음을 남겨주는 것이다. 이런 식으로 다음번 만남이 이어지다 보면, 초기 위기 개입은 자연스럽게 중장기 치료적 개입으로 이어질 수 있다.

초기 위기 개입과 중장기 치료적 개입은 개입의 목적과 방법 면에서 구별된다. 위기 개입의 목적은, 심리적 균형 상태를 유지할 수 없는 위기상황에서 최소한 위기 이전의 기능 수준으로 회복하도록 돕는 것이다. 흔히 심리치료가 내면의 성찰이나 분석을 추구하는 경우가 있는데, 위기 개입은 내면의 성찰이나 정신적 성장이 목표가 아님을 명심해야 한다. 따라서 일반적으로 어떤 내용이든지 아무런 이야기나 할 수 있도록 허용하고, 지시, 충고, 비판이나 분석을 피해야 한다. 외상 사건을 경험한 후 느끼는 무력감, 우울, 분노, 깊은 절망감, 죄책감 등의 감정을 표현하도록 도와주고 수용하며 지지해주는 것이 필요하다. 치료자는 함께 있어주고 들어주고 보살펴주는 역할을 하게 된다.

1) 재난과 심리적 응급지원

외상 사건이 개인에게 미치는 영향은 개인의 취약성에 따라 다르기도 하고 또 외상 사건의 유형에 따라 다르기도 하다. 같은 외상 사건을 겪더라도 개인차에 따라 다른 반응이 나타날 수 있고, 외상 사건에 노출된 정도에 따라 또는 외상 사건의 유형에 따라서도 조금씩 다른 반응을 나타낼 수 있다.

최근 대형 재난이 빈번하게 발생하면서 정신건강 전문가들은 재난 후유증에 관심을 갖기 시작했다. 재난정신건강위원회(2015)는 『재난과 정신건강』에서 재난의 영향과 재난 시 정신건강 개입에 대하여 방대한 내용을 소개하였다. 이 중 하나로 심리적 응급지원psychological first aid: FPA이 있는데, 심리적 응급지원은 재난 등 외상 사건에 노출된 사람에 대한 재난 초기에 필요한 심리적 · 사회적 지원 등을 포함한 포괄적인 서비스 제공을 의미한다.

심리적 응급지원은 외상 사건을 경험한 직후의 즉각적인 개입으로 이해할 수 있는데, 다음과 같은 3가지 목적을 지닌다(Brymer et al., 2006). 첫째, 재난 후 생존자에게 필요한 쉼

터, 식량, 물, 의료품 등 필수 자원을 확보하여 안전과 안정을
도모한다. 둘째, 다시 위험한 상황이나 끔찍한 광경에 노출되
는 것을 막는 등 재난 이후에 발생할 수 있는 2차 스트레스 요
인을 파악하고 이를 막아 초기 스트레스 반응을 줄이고 새로
운 환경에 적응할 수 있도록 전략을 함께 강구한다. 셋째, 생
존자와 유가족이 필요한 현실적인 지원을 받을 수 있도록 필
요한 사항을 파악하고 이를 도와줄 수 있는 기관과 연계한다
(재난정신건강위원회, 2015에서 재인용).

브라이머 등(Brymer et al., 2006)은 재난 현장에서 심리적 응
급지원의 실행 지침을 다음과 같이 정리한 바 있다(재난정신건
강위원회, 2015에서 재인용).

- 성급하게 개입하지 않고 먼저 대상자의 상황을 관찰한
  다. 충분히 상황을 파악한 후 자신이 도울 수 있는 것이
  어떤 것인지 정중히 물어본다.
- 접촉을 시작하는 가장 좋은 방법은 생수, 음식, 담요와
  같이 실제적인 도움을 제공하는 것이다.
- 생존자나 가족에게 방해가 될 수 있는 상황이라면 나중
  에 접촉한다.
- 생존자가 자신을 피하거나 쉽게 의존할 수 있다는 점을
  알고 행동한다.

- 상대방의 말을 충분히 기다리고 반응을 보이며 차분히 대화에 집중한다.
- 천천히 그리고 명확한 발음으로 이야기한다. 간단하고 구체적인 용어를 쓰며 전문적인 용어는 피한다.
- 생존자가 대화를 원하면 들을 준비가 되어 있어야 한다. 원하는 바가 무엇이며 어떻게 도와줄 수 있을지 주의를 기울이며 듣는다.
- 생존자가 취해온 행동의 긍정적인 면을 인정해준다.
- 필요한 때에는 중요한 점을 반복적으로 설명해준다.
- 정확한 정보를 나이에 맞게 설명한다.
- 통역이 필요할 때 통역자가 아니라 생존자를 바라보고 대화를 나눈다.
- 심리적 응급지원의 목적은 고통을 줄이고 현재 문제와 요구를 도우며 적응 기능을 회복하는 것에 있다는 점을 명심한다. 외상적 기억이나 상실 그 자체를 다루는 것이 아니다.

2) 초기 심리교육

앞에서 언급했듯이, 위기 개입에서 전문가는 침착한 태도를 유지한 채 무슨 일이 있었는지 물어보고, 혼란스러운 감정을 진정시키며 충동적인 행동을 하지 않도록 보호하는 조치를 취해야 한다. 이와 더불어 심리 증상에 대한 교육, 즉 심리교육psychoeducation을 실시할 수 있는데, 환자와 보호자에게 외상 사건이 인간에게 미치는 영향, 외상 증상의 종류, 외상 증상의 지속 기간 등에 대해 교육할 수 있다. 이러한 교육의 주목적은 추후 겪게 될 다양한 증상이 심각한 문제가 아니라, 외상 사건을 경험한 이후 나타나는 자연스러운 반응으로 받아들이도록 돕고자 함이다.

심리교육은 개별적으로 제공할 수도 있지만, 집단 모임을 통해서 또는 영상매체를 활용해서도 가능할 것이다. 외상이 인간에게 미치는 영향 및 치료 제공 기관의 정보를 담은 문서 자료를 제공하는 것도 좋은 방법이다.

3) 초기 위기 개입에서 주의할 점

사실 외상 사건의 발생 직후에 할 수 있는 일은 한계가 있다. 피해자들은 아직 충격과 혼란에서 벗어나지 못한 상태여서 외상에 초점을 맞춘 본격적인 치료가 시작되기에는 이르다. 따라서 여기에 주의할 점이 생기는데, 전문가라고 해서 피해자가 준비가 안 된 상태이거나 거부적인 태도를 보일 때조차 무리하게 개입을 시도한다면 역효과가 날 수 있다는 것이다. 사람마다 개인차가 있으므로 피해자의 의사를 존중하는 것이 가장 중요할 것이다.

이런 주의사항은 재난 현장에서 특히 제대로 지켜져야 한다. 실제로 위기 개입을 위해 재난 현장에 투입된 전문가들의 보고를 들어보면, 혼란스럽거나 슬픔에 빠진 피해자에게는 전문가 행세를 하는 것보다는 묵묵히 음식이나 청소 등 자원봉사를 하며 지지적 관계를 맺는 것이 훨씬 낫다고 한다.

재난 현장의 위기 개입에서 또 다른 주의할 점으로는, 전문가들이 제각각 활동하지 않고 공인된 재난 대응체계 내에서 체계적으로 활동하라는 것이 있다. 전문가들이 제각각 피해자를 만나 어려운 심정을 두 번 세 번 얘기하게 하거나, 잘못된 정보를 전달하여 혼란을 가중시키는 일은 없어야 할 것이다. 통제소에서 체계적으로 지시를 받아 활동을 수행하고, 관찰기록을 남기며, 보고를 통해 체계적으로 정보를 공유하는 것 등이 피해자에게 혼란을 줄여주고 안정감을 되찾아줄 수 있을 것이다. ◆

3. 노출치료

초기 위기 개입에 이어 본격적인 외상 치료가 시작될 수 있다. 외상 치료의 핵심은 외상 경험을 잘 받아들여 소화시키는 것이다.

앞에서 치료의 일반 지침 중에 '기억을 되살린다'라는 부분이 있었다. 이것은 '회피하거나 망각하지 않는다'라는 의미인데, 실제적으로는 노출exposure 절차를 통해 이루어진다. 노출이란 피하고 싶은 대상, 사건, 사물에 직접적으로 맞닥뜨리게 하는 방법이다. 예를 들어, 고소공포증이 있는 사람을 높은 장소로 데려가거나 뱀공포증이 있는 사람에게 뱀을 보여주거나 하는 것이다.

노출 기법은 많은 연구를 통해 효과가 증명된 전통적인 방법이다. 노출 과정에서 외상 경험은 결코 극복할 수 없는 끔찍한 경험에서 조금씩 받아들일 수 있는 경험으로 변화하게 된다. 다양한 노출 기법이 있는데, 어떤 기법은 환자에게 외상에 대해 반복적으로 말하게 하기도 하고, 외상 상황에 대해 그림을 그리게 하거나 외상 사건을 자세히 기술하는 글을 써보도록 요청하는 기법도 있다. 물론 충격적 경험의 현장을 직접 방문하거나 보고 만지게 하는 기법도 있다.

노출 기법이 효과가 있는 것은 노출이 정보처리를 촉진한다는 이론에 기반을 둔 것이다(Foa & Kozak, 1985, 1986; Foa, Steketee, & Rothbaum, 1989). 회피는 외상 사건을 더욱 두렵게 만드는 부작용이 있고, 회피 기간이 길면 길수록 회피는 강화되고 공포는 커진다. 따라서 가급적이면 이른 시기에 노출 절차를 시작하는 것이 필요하다. 그리고 위협적인 사건이나 사물에 반복적으로 노출되면 공포는 둔감화desensitization 된다. 즉, 무뎌진다는 뜻이다.

노출 기법은 충분하게 오래 지속될 때 효과적이다. 짧게 노출하고 멈춰버리면 불안이나 혼란이 가중된 상태로 중단하게 되어 오히려 역효과가 날 수 있다. 불안은 초기에 급상승하지만 시간이 지남에 따라 완만하게 감소하게 된다. 따라서 환자가 초기 불안을 견디고 불안이 감소하는 것을 체험할 수 있도록 도와주는 것이 중요하다. 조용하고 안전한 환경에서 치료자가 지지하고 위로하며 그 시간을 함께 보내는 것이 필요할 것이다.

1) 실제 노출과 상상 노출

노출 기법을 크게 실제 노출과 상상 노출로 구분해볼 수 있다. 실제 노출in vivo exposure은 불안과 공포를 초래했던 그 사건이나 대상에 다시 노출시키는 것이다. 예를 들어, 개에 물린 경험이 있어 개를 피해다닌다면 개와 맞닥뜨리게 하거나, 엘리베이터에 갇힌 경험으로 엘리베이터를 타지 않는다면 다시 엘리베이터를 타게 하는 것이다.

그런데 실제 노출을 시키고자 한다면 환자를 충분히 준비시켜야 하고, 환자가 공포를 느끼지 않을 정도의 낮은 수준에서부터 노출을 조심스럽게 시작하는 것이 필요하다. 이것은 행동주의의 체계적 둔감화systematic desensitization 원칙에 따른 것이다. 예를 들어, 엘리베이터에 갇힌 경험이 있는 사람이라면 처음부터 엘리베이터를 혼자 타게 하는 것이 아니라, 엘리베이터 사진을 보는 것, 먼 거리에서 실제 엘리베이터를 보는 것, 엘리베이터 앞에서 한참 서 있는 것, 엘리베이터 문 열림 버튼을 눌러보는 것, 치료자와 함께 엘리베이터에 타보는 것, 마지막으로 혼자 엘리베이터에 타보는 것의 순서로 차근차근 진행하는 것이 필요하다. 각 진행 단계마다 환자는 불안이 상승하는 것을 느끼는데, 조금 시간이 지나면 불안이 가라앉는 것을 체험할 수 있다. 치료자는 환자가 불안을 덜 보고하고 마음을 다스릴 수 있을 때 다음 단계로 진행시킨다. 각 단계마다 너무 빨리 진행하는 것이 아니라, 환자가 안정감을 느끼며 나름대로의 대처 기술을 개발할 수 있도록 충분한 시간을 들이는 것이 중요하다.

상상 노출은 공포를 초래한 실제 대상에 직면시키는 것이 아니라 치료실 내에서 상황과 기억에 의존하는 것을 의미한다. 앞의 예를 들어 설명하면, 실제 엘리베이터를 타게 하는 것이 아니라 엘리베이터에 갇혔던 공포스러운 기억에 대해 치료실 내에서 집중해서 떠올려보게 하는 것이다.

2) 호흡법과 근육이완

호흡법과 근육이완은 흔히 노출치료와 더불어 사용된다. 불안과 공포가 상승할 때 호흡이 가빠지고 근육은 긴장된다. 서로 상반되는 2가지 상태는 공존할 수 없다는 상호억제 reciprocal inhibition 원리에 의해 호흡을 천천히 하고 근육을 이완시키면 불안과 공포가 낮아질 수 있다.

예를 들어 설명해보자. 앞에서 엘리베이터에 갇힌 경험이 있는 환자에게 체계적 둔감화의 원리에 따라 낮은 공포 수준에서부터 노출을 실시하였다고 하자. 먼저, 엘리베이터 사진을 보게 하는데, 환자는 사진만 봐도 불안과 공포 수준이 급격

히 올라간다. 이때 호흡과 근육이완을 하면서 마음을 진정시
킨다. 불안은 시간이 지나면 가라앉는 속성이 있으므로, 사진
을 회피하지 말고 가만히 쳐다보면서 호흡과 근육이완 훈련을
계속해나가다 보면 어느새 사진에 대해서는 덜 불안해지게 된
다. 이런 식으로 단계마다 노출기법과 호흡 및 근육이완법을
함께 실시하는 것이다.

따라서 노출치료를 실시하는 전문가는 호흡법과 근육이완
법에 대해서도 공부할 필요가 있다. 복식호흡에 대해서 공부
하거나 제이콥슨(Jacobson, 1938)이 소개한 16개 근육군의 점
진적 근육 이완법progressive muscle relaxation을 배우는 것도 좋다.

3) 노출치료의 타이밍과 주의할 점

앞에서 '치료의 시작은 빠르면 빠를수록 좋다'고 하였다.
그러나 때로는 너무 빠른 것도 문제가 될 수 있다. 특히 환자
가 준비되지 않은 상태에서 공포스러운 자극에 노출시키는 것
은 오히려 공포반응을 극대화하여 환자를 두 번 상처입히게
된다. 환자는 더 이상 노출치료를 하려고 하지 않을 것이다.
유감스럽게도 이런 일이 치료 현장에서 벌어지는 경우가 종종
있다. 특히 피해자나 환자가 분명한 의사표현을 할 수 없는 상
태에서 권위자에 의해 강제로 노출기법이 시행되는 경우가 있

는데, 이런 식의 강압적인 노출치료는 지양해야 할 것이다. 항상 환자가 안전하다고 느끼고 마음의 준비를 한 상태에서 노출 기법을 사용하는 것이 중요하다.

노출치료의 타이밍과 관련하여 앞에서 소개한 외상의 단계를 참고하는 것도 좋을 것이다. 호로비츠의 5단계 중 첫 번째 단계인 외침 단계는 피해자들이 아직 공황반응, 해리반응, 급성 정신병 등을 보이는 단계다. 따라서 이 단계에서는 아직 노출치료를 시작하지 않는 것이 좋다. 이 단계가 지난 후 피해자들이 외상 경험 회피를 시작하려고 할 때 노출치료의 의의와 효과를 잘 설명하면서 시작하는 것이 좋겠다. 대형 재난의 경우도 마찬가지여서, 충격 단계impact phase나 재난 직후 단계immediate postdisaster phase가 지난 후 노출치료를 시작하는 것이 바람직하다.

4) 인지행동치료

인지행동치료cognitive behavior therapy는 학습이론의 원리를 응용한 행동수정 기법과 사고나 신념, 가치 등을 다루는 인지적 기법을 통합한 치료적 시도를 가리키는 폭넓은 개념이다. 인지행동치료는 우울증, 불안장애, 강박증 등 다양한 심리적 증상에 적용될 수 있으며, 외상후 스트레스 장애에 대해 적용하려는 시도도 있어 코헨 등(Cohen et al., 2006)은 외상 초점 인지

행동치료trauma-focused CBT: TF-CBT라는 치료법과 매뉴얼을 개발
하기도 하였다. 외상 초점 인지행동치료는 한 가지 기법으로 구
성된 것이 아니라 8가지 모듈로 구성되었는데, 이들은 각각 심
리교육psychoeducation, 스트레스 관리stress management, 감정표현과
조절affect expression and modulation, 인지적 대처cognitive coping, 외상
경험에 대해 이야기하기creating the trauma narrative, 인지적 처리
cognitive processing, 행동조절 훈련behavior management training, 부모참
여 회기parent-child session다(재난정신건강위원회, 2015에서 재인용).

대부분의 인지행동치료에서는 상황에 대한 인식을 변화시
켜 부정적인 사고방식을 긍정적으로 변화시키는 데 초점을 맞
춘다. 이것은 스트레스 관리, 정서조절, 자기관리 등을 돕는
다. 구체적인 인지치료 기법에 대해서는 벡(A. T. Beck)의 『우
울증의 인지치료』(원호택 역, 2005)나 이 이상심리학 시리즈의
우울증 편을 참고하기 바란다.

그런데 외상에 대한 인지행동치료를 구성할 때는 대개 행
동기법인 노출 절차exposure procedure를 포함시키는 것이 일반적
이다. 실제 노출이든 상상 노출이든 노출 절차를 포함시키는
데, 노출을 통해 환자가 회피 반응을 줄이고 외상 경험을 정서
적으로 처리하는 것이 외상 치료의 핵심이기 때문이다. 노출
기법이 성공적일 때 인지적 기법도 효과를 거두는 상승작용이
일어날 수 있다. ◆

4. EMDR

EMDR은 안구운동 민감소실 및 재처리 요법eye movement desensitization & reprocessing의 약자다. 간단히 말해, 안구를 굴리는 운동을 통해 외상 경험에 둔감해지고 정보처리를 다시 해서 외상으로부터 벗어나게 하는 기법이라는 뜻이다.

참고로, 앞에서의 노출치료나 인지행동치료가 좀 더 큰 틀의 치료 원리를 의미한다면, EMDR은 구체적인 하나의 치료 기법이다. 노출이나 인지행동치료는 외상후 스트레스 장애뿐 아니라 다른 장애들에도 응용되지만, EMDR은 현재까지는 외상후 스트레스 장애에 특정적으로 활용된다.

EMDR은 1987년 심리학과 대학원생이었던 샤피로Francine Shapiro가 고통스러운 생각이 떠오를 때 자신의 눈이 자동적으로 좌우로 빠르게 움직이면서 고통이 사라지는 것을 발견함으로써 시작되었다. 샤피로와 동료들은 그 후 수십 년간 노력해서 이 기법을 체계적으로 발전시켰다.

EMDR은 치료 절차가 구조화되어 있는데, 우선 환자는 외상과 관련된 장면에 집중한 후 치료자의 손가락을 따라 눈을 좌우로 빠르게 움직인다. 특정 장면에 집중하고 안구운동을 한 세트약 30초 동안 한 후에 이미지, 생각, 느낌, 신체감각 중에서 무엇이라도 '떠오르는 것'이 있는지 질문받는다. 환자가 떠오르는 것에 대해 보고하면 그것에 집중하게 한 후 다시 한 세트를 시도한다. 이런 과정을 반복하여 환자가 고통 없이 그 장면을 받아들이고 새로운 긍정적인 시각을 받아들일 때까지 계속한다. 이렇게 해서 1회가 끝나는데, 연구에 의하면 1회에 바로 효과가 나타나기도 하고 3~4회 만에 효과가 나타나기도 하는 등 비교적 빠른 치료 효과를 보인다고 한다. 환자들은 EMDR 치료 후 외상 사건이 재연되거나 부지불식간에 부정적인 생각이 떠오르는 게 줄어든다고 보고하였다.

1) 효과 기제

샤피로는 EMDR의 이론적 기제로 정보처리 모델을 제안했다. 앞에서 호로비츠(Horowitz, 1986)나 포아와 동료들(Foa & Kozak, 1986; Foa & Riggs, 1993; Foa et al., 1989)이 정보처리 이론을 제안한 것을 기억할 것이다. 노출치료도 학습이론의 원리와 정보처리 이론의 원리를 일부분 따르고 있는데, EMDR도 마찬가지다. 어떤 연구자는 효과적인 치료법에는 공통 요인이 있기 때문에 EMDR의 치료 효과 기제도 다른 치료법들과 유사할 수밖에 없다고 주장하였다(Hyer & Brandsma, 1997; Sweet, 1995).

EMDR의 정보처리 기제를 뇌생리학적으로 설명하면 다음과 같다. 눈을 좌우로 움직이면 좌뇌와 우뇌가 상호작용하며 활성화되고 촉각·청각·시각 자극을 주게 되는데, 이 과정에서 외상과 관련된 고통스러운 기억이 처리된다는 것이다. 또 눈을 좌우로 빠르게 움직이는 것은 REM 수면 상태의 안구 움직임과 유사하다. 인간의 수면 단계는 눈동자가 움직이는 REM 수면 단계와 그렇지 않은 Non-REM 수면 단계로 나눠 볼 수 있는데, 이 중 REM 수면 단계는 불쾌한 기억이나 불필요한 정보를 처리하는 단계라고 한다. 아울러 안구운동 근육과 호흡과 관련된 근육을 제외한 모든 근육을 이완시켜 심신의 휴식에 중요한 역할을 한다고 한다. 따라서 EMDR의 안구운동 기법은 REM 수면과 비슷하게 심신을 이완시키고 정보를 재처리하는 효과를 가질 것으로 추측할 수 있다.

2) 주의할 점

EMDR은 수많은 연구에서 비교적 빠른 효과를 보이는 효율적인 기법으로 검증되었다. 게다가 일반적인 노출 기법보다 덜 위협적이라고 한다. 현재까진 외상 치료에서 EMDR을 사용해서는 안 된다는 어떠한 증거도 없는 것 같다. EMDR은 2004년 미국정신의학회에서 외상후 스트레스 장애의 효과적인 치료법으로 승인되었고, 외상치료에서 일차로 추천하는 A군 치료법으로 공인되었다.

그럼에도 EMDR을 아무나 실시해서는 안 된다는 주의점이 있다. EMDR은 상당히 복잡한 치료 기법이기 때문에 정식 수련 및 부가 수련 과정을 거친 전문가만이 실시할 수 있다. 젠슨(Jensen, 1994)은 기본 수련을 받은 사람들조차 적절하게 EMDR을 사용하지 못한다고 보고한 적이 있고, 맥스필드와 하이어(Maxfield & Hyer, 2002)는 EMDR이 적절하게 사용될 때 더 우수한 결과를 얻는다고 하였다. 따라서 체계적으로 훈련받은 전문가들이 EMDR을 실시하는 것을 권장한다. 최근 안구 움직임을 유발하는 컴퓨터 프로그램이나 스마트폰 애플리케이션을 사용하여 자가치료를 시도하는 사람들도 있는데, 전문적 기법은 전문가의 지도하에 실시하는 것이 가장 바람직하다고 생각한다. ◆

5. 의미 부여하기

앞의 노출치료 부분에서 인지행동치료를 잠깐 언급하였는데, 인지행동치료는 사물을 부정적·비관적으로 바라보는 시각을 좀 더 중립적이고 객관적으로 바꿀 수 있도록 돕는다. 이는 일종의 인지적 재구성 과정이다. 생각하거나 지각하는 방식을 재구성한다는 뜻이다.

의미 부여하기도 일종의 인지적 재구성이다. 인간은 동물과 달리 자신이 경험한 바에 어떤 의미를 부여한다. 매디(Maddi, 1970)는 의미를 추구하고 부여하는 것을 인간의 기본적인 동기라고 주장하였다. 어떤 사람도 삶의 의미를 선천적으로 알고 태어나지 않기 때문에 개인의 삶에서 의미를 추구하고 발견해나가는 과정이 필요하다. 개인차가 있겠지만, 누구나 자신의 인생에 의미를 부여하며 살아간다. 한 국내 연구에 의하면, 인생의 의미를 추구하거나 의미를 발견하려는 속

성은 긍정정서나 삶의 만족도와 정적 상관관계를 나타냈다(김
경희, 이희경, 2013).

충격적이고 끔찍한 외상 경험에 대해서도 의미를 부여할
수 있을까? 갑작스럽고 불행한 사건이 개인에게 무슨 의미가
있단 말인가? 운명이 일부러 시련을 준 것이라면 더욱 괴로울
것이다. 그럼에도 어떤 사람은 불행한 사건에도 의미를 부여
하는데, 이런 특징들이 성공적으로 외상을 극복한 사람들에
게서 나타나기도 한다. 어떤 사람은 외상의 의미를 발견해나
가며, 자신의 삶에 의미를 부여하고 의미를 추구하는 활동을
해나가는 것이다.

마라톤 대회 폭탄 사건으로 두 발을 잃은 사람의 이야기가
화제가 된 적이 있다. 결승점 부근에서 폭탄이 터져 많은 사람
이 부상당했고, 그 역시 발목을 잃었다. 그러나 그는 시련에
굴하지 않고 의족을 착용하여 재활을 지속해나갔고, 결국 주
변 사람들과 함께 다시 한 번 마라톤에 도전하여 결승점을 통
과했다. 그는 이후에도 자신과 비슷한 고통을 겪은 사람들을
위로하고 돕는 활동을 하고 있다고 한다.

이와 비슷한 방식으로 외상을 극복해나가는 사람이 많다.
영화 〈7월 4일생Born on the fourth of July〉의 주인공처럼, 전쟁에 참
여했던 상이군인이 반전활동을 하며 삶의 의미를 찾기도 한
다. 교통사고나 화재사고를 당한 사람은 안전한 환경을 만들

자는 캠페인을 전개하거나 안전물품 제작 사업을 하면서 삶의 의미를 찾아간다. 이들은 외상 경험을 회피하지 않고 정면으로 맞섰을 뿐 아니라, 외상을 겪은 후에 오히려 외상과 관련된 인생의 의미를 찾고 지속적으로 추구하는 쪽으로 성장한 것이다. 이러한 것을 외상후 성장post-traumatic growth 또는 역경을 통한 성장growth from adversity이라고 부른다.

〈주의할 점〉

역경 속에서도 삶의 의미를 발견하고 새로운 의미를 추구하는 것의 치료적 효과는 앞으로 더 검증해봐야 한다. 아직 고통 속에 있는 환자에게 억지로 삶의 의미를 찾으라고 강요해도 소용없을 것이다. 어떤 연구에 의하면 의미를 찾고자 하는 노력이 외상에 의한 증상을 악화시키는 경우도 있다고 한다 (Updegraff, Silver, & Holman, 2008; Bonanno, Papa, & Lalande, 2005). 따라서 환자의 성향이나 강인한 정도에 따라 천천히 의미 부여를 독려하는 것이 필요할 것이다.

또 단기적으로 외상 경험에 대한 의미 부여를 촉구하는 것보다는 장기적으로 환자 자신이 의미를 계속 추구해나가는 것이 더 중요하다. 의미를 추구해나간다는 것은 인지적인 활동뿐 아니라 그와 관련된 신체적이거나 사회적인 활동을 해나간

다는 것이다. 환자 자신의 자발성과 실행력이 가장 중요할 것
이며, 이때 동료들의 지지와 우호적인 환경 조성이 동반되어
야 할 것이다. ◆

6. 애도

애도mourning는 누군가를 슬픔으로 떠나보낸다는 뜻이다. 애도는 흔히 사랑하는 사람의 죽음과 관련된 것이긴 하지만, 넓은 의미로 보면 내가 가졌거나 맺었던 모든 의미 있는 관계에 대한 상실과 관련이 있다. 상실로 인한 슬픔은 특히 비탄 혹은 비통grief이라고 한다. 외상 경험은 피해 당사자에게도 충격을 남기지만, 피해 당사자의 불행을 지켜봐야 하는 사람 또는 외상 사건으로 사랑하는 사람을 잃은 가족에게도 비통함을 남긴다. 또 외상 사건의 생존자들은 본인이 피해 당사자이면서 사랑하는 사람을 잃은 경우도 있다. 이처럼 의미 있는 관계를 잃어버린 피해자 및 가족을 위해서는 애도 작업을 고려해볼 수 있다.

노출이나 EMDR이 외상 정보로 인해 생긴 공포네트워크를 비활성화시키는 데 초점을 맞추었다면, 애도는 외상 경험에

동반되는 슬픈 감정을 자연스럽게 배출시키는 데 초점을 맞춘
다. 이때 주의할 점은 애도는 시간이 걸리는 과정이라는 것이
다. 따라서 애도를 억지로 재촉하거나 단기간에 해치우려고
하면 안 될 것이다. 사람들은 누군가를 떠나보낼 때 머리로는
그래야 한다고 인지하면서도, 여전히 가슴으로는 상실한 대
상에 대한 애착을 거두어들이지 못하고 슬퍼한다. 이때 '잊어
버려라'라고 강요하면 오히려 더 고통스러워질 것이다.

그러므로 비탄의 느낌이 드는 것을 이상하게 여길 필요는
없으며, 충분한 시간을 들여 자연스럽게 받아들여야 할 것이
다. 죽은 이에 대한 대화를 회피하지 말고, 죽은 이를 떠올리
고 기념하고 슬퍼하며 시간을 보내는 것이 필요하다. 시간이
흐르면서 감정은 자연스럽게 정화될 것이다. 우리나라의 옛
풍습 중에는 부모님이 돌아가시면 3년 동안 묘를 지키는 것이
있는데, 이런 풍습은 애도가 오래 걸리는 작업임을 간접적으
로 보여주는 것이다. 애착이 강했던 대상일수록 애도 작업에
오랜 시간이 소요될 것임은 당연하다.

1) 비탄의 유형

학자들은 비탄을 두 유형으로 구분하고 있는데, 단순 비탄
uncomplicated grief과 복합 비탄complicated grief이다. 단순 비탄은 인

생의 어느 시점에서 누구나 경험하는 것이며, 시간이 지남에 따라 점차 비통한 느낌에서 조금씩 회복되는 유형이다. 반면, 복합 비탄은 예상치 못했던 상실, 갑작스럽거나 폭력적인 상황, 다중 상실, 아동의 상실, 죽은 이에게 의존감이나 양가감정을 느꼈던 경우에 해당되는 비탄인데, 대처하기가 어렵고 다양한 부적응 증상이 나타나는 경우다. 복합 비탄으로 인한 부적응 양상에는 다음과 같은 것들이 있을 수 있다.

- 고통스러운 감정을 멀리하거나 비탄의 과정을 전적으로 회피함
- 죽은 이와 관련된 대화나 죽은 이를 떠올리게 하는 것들을 극도로 피함
- 장례식에 참석하는 것을 거부함
- 알코올이나 다른 약물을 남용함
- 신체적 불편감이나 신체 증상의 호소가 증가함
- 감정기복이 심해지거나 상실 후 한두 달이 지나도 감정기복이 계속됨
- 자기관리를 하지 않음

개인에 따른 차이는 있지만 대개 사랑하는 대상을 상실할 경우 한두 달 정도 지나면 어느 정도 감정을 추스를 수 있고

일상생활로 복귀가 가능하다. 그러나 복합 비탄의 경우에는 한두 달 동안 매우 괴로워하며 제대로 대처하지 못하는데, 이들은 1~2년이 지나도 여전히 부적응적 대처를 이어가게 된다. 따라서 복합 비탄의 경우에는 좀 더 전문적인 치료적 개입이 필요할 것이다.

2) 주의할 점

외상적 상실에 대한 작업을 할 때, 초기에는 개별적으로 접근하여 애도 작업이나 문제해결 작업 등을 하는 것이 필요할 것이다. 그러나 환자들이 애착 대상의 상실에 동반되는 외로움이나 고립감을 느낄 수 있으므로, 이후에는 지지집단이 필요할 수 있다. 지지집단은 개별 치료의 훌륭한 보조 수단이 된다고 한다(Figley et al., 1997). 미국 집단치료학회의 외상 사건 이후 상실에 대한 집단 개입법에 따르면, 외상 이후 후기 회복 단계로 갈수록 집단적 지지가 더 중요한 부분이 된다고 한다.

한편, 피해자가 많은 대형 재난의 경우 전문적인 치료적 개입 외에 공동체의 애도도 시행되는 경우가 있으나, 이것에 대한 효과 검증은 아직 부족한 실정이다. 중요한 것은 공동체의 애도가 피해자들에게 진실성 있고 피부로 느껴질 수 있어야

한다는 것이다. 또한 애도 작업이 단발성이 아니라 정기적으로 지속되는 것도 중요할 것이다. ◆

7. 약물치료

현재까지의 연구 결과를 종합해보면, 약물치료보다는 노출
치료나 인지치료와 같은 심리치료적 접근이 약물치료에 비해
우월한 효과를 거두고 있다고 한다(재난정신건강위원회, 2015).
그럼에도 외상후 스트레스 장애에서 여러 증상을 완화시키기
위해 약물을 사용할 수 있다. 외상후 스트레스 장애는 복합적
인 증상들의 집합체이므로, 약물은 외상후 스트레스 장애라
는 진단 범주보다는 구체적 증상들을 목표로 한다.

예를 들어, 불안 증상에 대해서는 벤조디아제핀이나 베타
차단제와 같은 항불안제를 사용하고, 우울 증상에 대해서는
삼환계 항우울제TCA나 모노아민 산화 억제제MAOI, 세로토닌
재흡수 억제제SSRI와 같은 항우울 약물을 사용하는 식이다.

이 밖에 외상후 스트레스 장애 환자가 정서적으로 불안정
하고 과민하며 충동적이거나 감정기복이 심하다면 기분안정

제나 항경련제를 사용할 수 있다. 또 환각이나 플래시백, 침투 증상이 심한 환자에게는 항정신병 약물을 사용할 수 있다. 이런 약물들의 사용은 반드시 전문의의 진단과 처방하에 이루어져야 할 것이다. ◈

8. 가족치료

외상후 스트레스 장애 환자들에 대한 대부분의 치료 방법은 해당 개인에게 초점을 맞추어왔다. 그러나 외상후 스트레스 장애 환자들이 공통적으로 대인관계 기능에 문제가 있다는 점에서 볼 때 가족 간의 의사소통을 촉진시키는 가족치료도 필요하다는 주장이 나오게 되었다.

가족치료자들은 환자가 가족에게 영향을 주고, 역으로 가족에게서 영향을 받기도 한다는 점에 대해 일치된 견해를 보인다. 따라서 환자가 가지고 있는 심리내적인 어려움뿐만 아니라 그들 주위의 사람들과의 상호작용이 치료의 초점이 되었다. 여기서 치료의 주된 단위는 가족이다.

이 장에서는 우선 환자 가족의 문제들을 살펴보고, 치료 과정을 단계별로 논의할 것이다.

1) 환자 가족의 특징

외상후 스트레스 장애를 앓고 있는 환자의 가족은 여러 문제를 지니고 있다. 이들 문제를 열거하면 다음과 같다. 이 내용은 피글리와 스프렝클(Figley & Sprenkle, 1978)의 연구에 기초한 것이다.

(1) 전체 가족의 문제

외상후 스트레스 장애 환자가 있는 가족은 가족 내 의사소통이 경직되어 있다. 외상에 대해 이야기하지 말자는 암묵적인 규칙이 있으며, 환자가 보이는 증상에 대해서도 외면하거나 덮어두려고만 할 수 있다. 이런 경직된 의사소통은 정신적 마비와 회피를 강화시켜 문제를 악화하는 역할을 한다.

(2) 당사자가 경험하는 문제

외상을 겪은 사람들은 일종의 '환자'로 간주되며, 약물 남용, 폭력 행동 등 여러 행동적 문제를 보인다. 이런 폭력 행동은 충동을 통제하지 못했다는 무능감을 불러일으키고, 당사자는 배우자와 부모로서의 역할을 수행하지 못했다는 자괴감에 빠지게 되며, 결국은 자녀와 배우자로부터 고립되거나 소원해지게 된다.

(3) 배우자가 경험하는 문제

외상을 겪은 사람들의 분노가 폭력 행동으로 표현될 경우 배우자들은 일차적인 정서적·언어적·신체적 학대의 피해자가 될 수 있다. 배우자는 상대방의 상태를 늘 지켜봐야 하므로 자신의 정서적 욕구를 소홀히 할 수 있다. 또 어떤 사람은 피해자의 외상 경험이 전적으로 자신의 실수라는 죄의식을 느끼기도 하며, 상대방을 돕는 능력에 한계를 느껴 좌절감에 빠지기도 한다. 여성 배우자는 남성 외상 경험자의 경제적 자립 실패로 인해 재정적·정서적 부양에 대한 압박감이 더 심해질 수 있다.

(4) 자녀들의 문제

자녀 역시 폭력 행동의 피해자가 될 수 있다. 또 외상을 겪은 아버지 또는 어머니는 안정된 환경을 제공해주지 못하고 정상적인 어른 역할 모델을 제시하지 못하므로 자녀의 정체감 형성에도 악영향을 미친다. 외상후 스트레스 장애 환자는 양육과 친밀감을 위해 배우자보다는 자녀에게 더 관심을 가질 수도 있다고 하는데, 이 경우에도 아동은 정상적인 부부 모델을 볼 기회를 박탈당한다.

앞서 열거한 사항들은 베트남전쟁 참전용사들의 가족들과 유태인 대학살 중 생존한 가족들에 관한 문헌들에서 얻은 것이지만, 이들 특징의 대부분은 다른 스트레스로 인해 외상후 스트레스 장애를 겪는 사람들의 가족에서 전형적으로 나타난 반응들이기도 하다.

2) 치료 과정

연구자에 따라 다소 다르긴 하지만, 가족치료는 대체로 다음의 4단계를 거친다(Figley, 1988; Jurich, 1983).

(1) 가족 상태 평가 및 치료자와 신뢰관계 형성하기

우선 치료자는 가족과 충분한 라포를 형성하도록 노력한다. 그리고 치료자가 직면하게 되는 가장 먼저 감별해야 할 문제는 가족이 문제를 외상에 관련된 장애로 규정하느냐 그렇지 않느냐 하는 것이다. 어떤 가족은 외상의 영향을 잘 인지하지 못할 수도 있다. 임상가들은 다음 사항들을 평가할 수 있다.

- 명확한 스트레스 요인이 확인되었는가?
- 해당 가족이 개인을 비난하는가 아니면 가족이 그 문제를 가족의 문제로 보고 있는가?
- 폭력의 존재, 약물과 알코올 문제, 가족의 역할 유연성, 가족구성원들 간의 정서적인 교감 정도는 어떠한가?

가족이 문제를 해결하려고 시도하는 것이 실제로 문제를 악화시키는 경우가 많으며, 가족이 문제를 외상에 관련된 것으로 규정하지 않는 경우도 자주 있다고 한다. 때로는 이러한 가족이 가져오는 문제가 '사춘기 자녀의 반항' 정도로 보이기도 하며, 가족 폭력 문제로 가족치료를 받으러 오는 경우도 있다.

치료자들이 외상과 관련된 어려움의 정도를 예측할 수 있는 한 가지 방법은 가족구성원들이 가지고 있는 다양한 스트레스에 대해 질문을 하는 것이다. 예를 들면, "가족 중 누군가가 군복무를 했는가?" "폭력적인 행동의 희생자가 있었는가?" 등을 질문할 수 있다. 가족이 방어하고 있다는 사실이 분명하다면 외상 문제로 곧바로 뛰어들지 않는 것이 현명할 것이다.

유리히(Jurich, 1983)는 '연령 표현하기'age-sounding라는 기법을 제시했다. 이것은 매우 흥분한 가족구성원 한 명에게 자신의 나이를 몇 살로 느끼고 있는지를 묻는 것이다. 일단 나이가 규명되면 그 나이에 있었던 문제들에 대해 논의한다. 대개 그때가 개인이 특정한 유형의 외상을 경험하고 있었던 나이이다.

이러한 접근이 이상적으로 효과를 내게 된다면 가족은 치료의 초기에 외상이 가족문제의 초점이라는 것을 알게 될 것이다.

(2) 문제를 꺼내어 논의하고 각자의 관점 파악하기

이 단계에서는 외상에 대해 가족구성원들이 논의를 하게 되게 된다. 이 단계가 성공적으로 진행된다면 가족 간에 자기노출을 하게 되고, 지금까지 말할 수 없었던 가족의 비밀, 즉 외상에 대한 확인을 하며 희생자로부터 전체 가족에게로 관심이 이동하게 된다. 예를 들어, 가족 중 한 명이 성폭행을 당한 후 서로 대화가 줄었다면 그 사건으로 인해 당사자, 배우자, 부모나 자녀 등 각자의 이야기를 허심탄회하게 들어본다. 그럼으로써 그 사건이 한 사람이 아니라 가족 전체에 영향을 미쳤음을 알게 되고, 치료의 초점이 전체 가족으로 이동하는 것이다.

이 단계에서의 치료 전략은, 가족구성원으로 하여금 관련된 외상 사건에 대한 자신의 견해와 반응을 발언하도록 허용하고, 각 구성원의 개인적 경험이 어떤 의미를 갖는지 인식하고 수용하도록 촉진하며, 가족으로 하여금 외상이 갖는 바람직하지 않은 결과와 바람직한 결과 둘 다를 열거하도록 허용하는 것이다.

이 치료 단계에서는 또 하나의 정보가 중요하다. 치료자와 가족은 문제를 해결하기 위해 현재까지 어떠한 시도들을 했는지 재확인할 필요가 있다. 이것은 치료자로 하여금 문제해결을 위한 여러 시도가 문제를 어떻게 악화시켰는지를 알게 해 줄 뿐만 아니라, 다음 치료 단계에 대한 정보도 제공할 것이다.

(3) 가족 간의 관점의 차이 좁히기

대체로 이 단계를 치료의 가장 중요한 단계로 꼽는다. 이 단계의 목표는 가족 내의 구성원들 간의 차이에 '다리를 놓는 것'이다(Jurich, 1983).

가족은 각자가 개인적으로 일련의 가정과 자신의 동기 및 타인의 동기에 대한 독자적인 관점을 가지고 있을 것이다. 무엇이 발생했고 왜 발생했는지에 대한 이러한 관점들이 가족구성원들 간에 공유되는 정도는 다를 것이다. 치료자는 가족구성원들의 관점들을 재구조화하여 관점의 차이를 좁혀나간다.

이를 달성할 수 있는 방법들로는 행동을 정상적인 것으로 볼 수 있도록 하고, 긍정적으로 해석하며, 가족의 형태를 재규정하고, 가족구성원들 간의 유사성에 대한 인식을 촉진시키고, 가족 내에서 새로운 의미를 발견하도록 촉진시키는 것 등이 있다.

(4) 합의된 새로운 관점으로 소통하기

가족은 합의된 새로운 관점으로 소통하기 시작한다. 이 단계에서는 의사소통 기술을 훈련하는 등의 교육이 이루어지며, 가정 내에서의 자가치료 등이 포함된다. 이때 훈련된 의사소통 기술 등은 너무 성급히 사용하기보다는 그 이점을 확실히 알 때까지 충분히 익힌 다음에 사용하는 것이 좋다.

3) 주의할 점

가족치료에서 가장 중요한 점은 안전하고 지지적인 가족환경에서 외상 경험과 연합된 감정 및 생각을 공유하고 논의할 수 있어야 하며, 모든 구성원이 연령에 따라 구별되도록 가족을 재구조화해야 한다는 것이다. 또한 기술이나 학습된 내용을 가정환경에 맞게 적용시키는 데 중점을 두어야 한다.

가족치료는 다른 다양한 치료 방식에 덧붙이거나 함께 사용될 수 있다. 여기에는 개인 치료 · 상담, 피해자 집단치료, 부부 · 커플 치료, 다수의 부부집단치료, 피해자의 배우자에 대한 개인 치료 · 상담, 여성 배우자 집단치료, 약물 남용 치료_{입원 · 외래} 등이 있다. ❖

9. 아동의 치료

　외상후 스트레스 장애 아동의 치료도 원리와 과정에서 보면 성인의 경우와 크게 다르지 않다. 그러나 대상이 아동인 만큼 성인처럼 자신의 경험과 상태를 언어로 표현하는 능력은 현저히 부족하다. 따라서 치료 방법은 아동에게 맞추어 적절한 방법을 찾아야 한다는 점이 다르다고 할 수 있다.

　치료의 중요성 측면에서는 성인보다 더하면 더했지 결코 못하다고 할 수 없다. 왜냐하면 한창 성장 과정에 있으므로 그 영향력이 거의 전 생애에 걸칠 수 있기 때문이다. 또한 무슨 일이 일어났는지 현실을 제대로 평가하기엔 너무 어리기 때문에 사건에 대한 왜곡이 심할 수 있다. 이러한 중요성에 비해 불행하게도 아동의 치료를 다룬 문헌은 그리 많지 않다.

　파이누스와 에드(Pynoos & Eth, 1986)는 살인, 강간, 자살, 유괴, 학교나 공동체에서의 폭력 같은 심각한 폭력을 목격한

200명 이상의 아동에게 사용되었던 90분 상당의 면접양식을 상세하게 기술하였다. 이 면접은 최근에 외상을 경험한 3~16세의 아동들을 위해 만들어진 것이다. 면접을 하기 전에 치료자는 사건에 대한 외부 정보예: 가족이나 경찰이 제공한 정보, 가족 상황, 외상에 대한 아동의 반응에 대해 알고 있어야 한다. 이런 방식으로 그 면접 시간 동안에 생략된 중요한 참고사항에 대해 알 수 있고 아동을 이해할 수 있게 된다.

치료는 대체로 다음의 과정을 거친다.

1) 초점 수립 및 관계 형성하기

(1) 초점 수립하기

치료자는 일단 아동을 맞이한 다음 "네가 겪었던 일들을 겪은 아이들과 이야기한 경험이 있다"고 말함으로써 그 상담 시간의 초점을 잡는다. 다른 방식으로는 "네가 겪은 것을 이해해보고 싶다"고 말할 수 있다.

(2) 자유롭게 그림 그리고 이야기하기

아동에게 그리고 싶고 말하고 싶은 것은 무엇이든지 할 수 있다고 말해준다. 그림을 그리는 경우에는 혼자서 그리도록 놔둠으로써 그림에 더욱 몰두할 수 있게 해준다. 그림에 관한 구체적인 사항이나 다음에 무엇이 일어났는지를 물음으로써 아동의 그림이나 이야기를 정교화할 수 있다.

(3) 외상에 대해 언급하기

치료자는 그림과 이야기 속에 포함될 수밖에 없는 외상에 대해 언급하고 밝혀내야 한다.

2) 외상에 대해 이야기하기

(1) 정서 방출시키기

일단 외상에 대한 언급이 확인되면 치료자는 이야기나 그림 속에 언급된 것과 외상을 연결지음으로써 조심스럽게 상처를 공개하게 만들어준다. 예를 들면, "아버지를 구할 수도 있었는데" "그 아저씨를 안 따라갔어야 했는데" 등이다.

(2) 경험한 것을 표현하기

다음 면담에서는 아동을 도와 경험을 표현하도록 이끈다. 면담의 방향은 일반적인 것에서 구체적이고 외상적인 것으로 나아간다. 중요한 것은, 아동이 자신의 경험에 대해 솔직하게 말하더라도 살아남을 것이라는 안전감과 희망을 느낄 수 있어야 한다는 것이다.

치료자의 역할은 아동이 안전하게 느끼도록 포근한 환경을 제공하고, 아동이 과제로부터 이탈하지 않도록 하는 것이다. 물론 아동이 어느 수준에서 신체적 및 정서적으로 지치는지에 민감해야 한다. 아동으로 하여금 치료 시간 동안 회복되고 돌보아진다고 느끼도록 하기 위해 휴식과 이완 또는 과자를 제공할 수 있다. 그 이후에 다음 단계에 초점을 맞춘다.

외상의 측면을 다룰 때는 신체적 손상이 가해졌을 당시에 아동이 목격한 중심적인 행동을 이해해야 한다. 아동이 인식하고 있는 광경과 소리, 냄새 등 지각한 경험과 운동감각의 경험에 대해 물어본다.

일단 아동이 이와 관련하여 이야기를 하다가 어느 정도 해방감을 갖게 되면 아동에게 최악의 순간에 대해 묻는다. 이것은 어른들의 기대와는 상당히 다를 수도 있다. 이런 면담을 통해 아동은 특별히 이해받는다고 느끼고 치료자를 가깝게 느낀다.

(3) 책임 소재 분명히 하기

아동은 누가 책임져야 하는가에 대한 자각과 갈등에 직면할 필요가 있다. 아동에게 "그것은 어떻게 일어나게 되었니?" "무엇이 혹은 누가 그렇게 하도록 만들었을까?"를 묻는다. 그리고 그것이 아동의 책임이 아님을 반복해서 알려준다.

(4) 다른 행동 가능성에 대한 상상 확인하기

이것들은 그 상황을 바꿨을지도 모르는 행동에 관한 상상인데, 어떤 경우라도 이러한 상상을 언어화하거나 행하도록 아동에게 허용해줄 필요가 있다. 어린 아동은 도망가는 것을 선택할지도 모른다. 학령기 아동은 수동적 전망에서 더 적극적인 관점으로 바뀌는 경향이 있어, 경찰을 부르거나 문을 잠그거나 공격자로부터 무기를 빼앗는 것을 상상할 수도 있다.

(5) 처벌과 복수의 표현 허용하기

아동이 복수와 처벌을 완전히 표현할 수 있게 허용해준다. 이들에게 "너는 그에게 어떠한 일이 일어나는 것을 보고 싶니?"라고 묻는다. "너의 아버지를 칼로 찌른 못된 남자에게 보복하는 상상은 충분히 할 수 있다고 생각해"라고 말함으로써 아동이 이러한 감정을 편안하게 느끼도록 만들어줄 수 있다.

"네가 그때는 그 사람을 막을 수 없었겠지만, 지금은 그 사람에게 무언가를 할 수 있지 않겠니?"라고 덧붙임으로써 현실로 끌어들일 수 있다.

(6) 역보복에 대해 안심시키기

아동은 공격자가 돌아올 것이라고 두려워할지도 모른다. 이러한 문제에 대해 아동을 안심시킬 필요가 있다.

3) 종결하기

(1) 요약하기

회기를 재검토하여 요약한다. 이 과정은 아동의 첫 번째 그림으로 되돌아감으로써 시작될 수 있다. 아동은 이제 그러한 외상적 경험에 비추어볼 때 이해할 만하고 자연스러우며 흔히 보일 수 있는 반응들을 보일 것이다.

(2) 현실적 두려움을 타당화하기

아동에게 그의 정서적 반응들이 정상이라고 상기시킨다. 겁먹고 그다음에 화나는 것 등은 모두 옳은 것이다. 만약 아동이 자신의 안전에 대한 합리적 두려움을 표현한 적이 없다면, 치료자는 그것이 얼마나 무시무시했을 것인지 다시 한 번 강조해줄 수 있다.

(3) 예상할 만한 과정 일러두기

아동에게 종종 일어날 수 있는 공통된 반응에 대해 말해준다. 이것들은 갑작스러운 두려운 느낌, 사랑하던 사람을 잃을 것이라는 생각, 경악반응, 악몽 등을 포함한다. 이러한 반응들이 있다면 아동으로 하여금 믿을 만한 어른에게 말하도록 일러둔다.

(4) 아동의 용기 인정하기

아동의 자기존중감은 지지를 필요로 한다. 아동에게 이러한 어려운 문제에 대해 이야기하는 용기를 칭찬할 수 있다. 아동은 "너는 매우 용감하구나"라는 말을 들으면 대개는 자부심을 느낀다.

(5) 아동의 비판 듣기

아동에게 면담에서 무엇이 가장 도움이 되었고 무엇이 가장 불안하게 했는지를 묻는다. 대부분 꽤 솔직하게 말할 것이다.

(6) 작별하기

치료자는 아동에게 존중과, 아동의 경험을 함께 나눌 수 있는 특권을 갖게 되었던 점에 고마움을 표현한다. 아동에게 치료자의 명함을 줌으로써 미래에 만남의 기회가 있다는 것을 알려준다.

이 장에서 기술한 치료 방법은 앞에서 기술한 외상후 스트레스 장애 치료에서의 모든 공통요인과 잘 들어맞는다. 외상후 스트레스 장애로 고통받고 있는 아동에 대한 치료 목표는 본질적으로 성인과 작업하는 목표와 같다. 그러나 치료 방법은 그림 그리기나 신체 활동하기와 같이 아동에게 맞춰주어야 한다.

또한 아동은 개인 회기로 시작한 다음 집단치료에 배치될 수도 있다. 아동이 스트레스 경험과 그에 동반하는 감정들을 조사하고 직면하고 극복하도록 돕는 것이 이러한 절차 모두에서 공통적이다. 어떤 절차에서든지 그림 그리기, 인형놀이, 이야기하기, 환상 놀이 등 아동에게 적합한 활동들이 다양하게 사용될 수 있다.

지금까지 외상후 스트레스 장애의 치료에 대해 살펴보았다. 충격적인 사건이 정신에 엄청난 영향을 남겼기에 그로부터 회복되려면 오랜 시간이 필요하고 다방면의 노력이 필요할 것이다. 스스로의 노력, 가족의 지지, 전문가의 개입 등이 합쳐질 때 조금씩 회복과 성장의 길로 나아갈 수 있을 것이다. 충격적 외상의 상처와 고통에서 회복되기 위해 애쓰는 모든 이에게 이 책의 내용이 조금이나마 도움이 되기를 바란다. ◆

참고문헌

고나래(2008). 아동, 청소년기 복합외상경험이 정서조절과 대인관계 문제에 미치는 영향. 이화여자대학교 대학원 석사학위 논문.

권석만(2014). 현대이상심리학. 서울: 학지사.

김경희, 이희경(2013). 의미추구와 긍정정서가 의미발견에 미치는 영향. 한국심리학회지: 일반, 32(1), 107-124.

김은경, 이정숙(2009). 학대받은 아동의 표정 인식, 표정 해석, 의도 귀인에서의 반응 편향. 한국심리학회지: 발달, 22(2), 113-129.

김태형, 김임, 이선미, 은헌정, 김동인, 강영수(1998). 교통사고 후 신체 손상 환자의 외상후 스트레스 장애에 대한 연구. 신경정신의학, 37(4), 650-660.

숙명여자대학교산학협력단(2011). 아동학대 실태조사. 서울: 보건복지부 저출산고령사회정책실 아동권리과.

신응섭, 채정민(1996). 외상후 스트레스 장애의 통합적 접근: 충격적인 사건에 따른 심리적 문제의 이해. 서울: 하나의학사.

오수성, 신현균, 김상훈, 김정호, 최영미, 신경란, 정명인, 김해진, 박성록, 이진 역(2009). 외상후 스트레스 장애 워크북[The PTSD workbook: Simple, effective techniques for overcoming traumatic stress symptoms]. M. B. Williams & S. Poijula 저. 서울: 학지사. (원저는 2002년에 출판).

원호택 역(2005). 우울증의 인지치료[Cognitive therapy of depression]. A. T. Beck, J. Rush, B. Shaw, & G. Emery 저. 서울: 학지사. (원저는 1979년에 출판).

이경미 역(2000). 아주 특별한 용기[The courage to heal]. E. Bass & L. Davis 공저. 서울: 동녘. (원저는 1992년에 출판).

이민수, 한창수, 곽동일, 이준상(1997). 삼풍사고 생존자들의 정신과적 증상. 신경정신의학, 36(5), 841-849.

이아람, 김남재(2012). 복합외상경험과 경계선 성격특성의 관계에서 자기개념의 중재효과와 매개효과. 한국심리학회지: 여성, 17(2), 227-243.

재난정신건강위원회(2015). 재난과 정신건강. 서울: 학지사.

Allen, J. (2005). *Coping with trauma: Hope through understanding.* Washington, DC: American Psychiatric Publishing.

American Psychiatric Association (1987). *Diagnostic and statistical manual of mental disorders* (3rd ed.-revised). Washington, DC: Author.

American Psychiatric Association (1994). *Diagnostic and statistical manual of mental disorders* (4th ed.). Washington, DC: Author.

American Psychiatric Association (2013). *Diagnostic and statistical manual of mental disorders* (5th ed.). Arlington, VA: American Psychiatric Association.

Antonovsky, A. (1987). *Unraveling the mystery of health: How people manage stress and stay well.* San Francisco, CA: Jossey-Bass.

Aronson, A., & Kahn, G. B. (2004). Group interventions for the treatment of psychological trauma module 3: Group interventions for treatment of trauma in adolescence. Retrieved from American Group Psychotherapy Association website: http://www.agpa.org/pubs/2-children.pdf

Arroyo, W., & Eth, S. (1985). Children traumatized by central American warfare. In S. Eth & R. S. Pynoos (Eds.), *Posttraumatic stress disorder in children* (pp. 101-120). Washington, DC: American Psychiatric Press.

Barlow, D. H. (1988). *Anxiety and its disorders: The nature and treatment of anxiety and panic.* New York: Guilford Press.

Barefoot, J. C., Maynard, K. E., Beckhanm, J. C., Brummett, B. H., Hooker, K., & Siegler, I. C. (1998). *Anxiety and its disorders: The nature and treatment of anxiety and panic.* New York: Guilford.

Blanchard, E. B., Kolb, L. C., Pallmeyer, B. A., & Gerardi, R. J. (1982). A psychophysiological study of posttraumatic stress disorder in Vietnam veterans. *Psychiatric Quarterly, 54*(4), 220-229.

Bonanno, G. A., Papa, A., & Lalande, K. (2005). Grief processing and deliberate grief avoidance: A prospective comparison of bereaved spouses and parents in the United States and the peoples's Republic of China. *Journal of Consulting and Clinical Psychology, 73*(1), 86-98.

Brende, J. O. (1983). A psychodynamic view of character pathology in

Vietnam combat veterans. *Bulletin of the Menninger Clinic, 47*(3), 193-210.

Breslau, N., Davis, G. C., Andresky, M. A., & Peterson, E. (1991). Traumatic events and post-traumatic stress disorder in an urban population of young adults. *Archives of General Psychiatry, 48*, 216-222.

Brymer, M., Jacobs, A., Layne, C., Pynoos, R., Ruzek, J., Steinberg, A., Vernberg, E., & Watson, P. (2006). Psychological first aid: Field operations guide. Retrieved from U.S. Department of Veterans Affairs website: http://www.ptsd.va.gov/professional/materials/manuals/psych-first-aid.asp

Cannon, W. B. (1932). *The wisdom of the body.* New York: Norton.

Chemtob, C., Hamada, R., Bauer, G., Torigoe, R., & Kinney, B. (1988a). Patient suicide: Frequency and impact on psychiatrists. *American Journal of Psychiatry, 145*, 224-228.

Chemtob, C., Hamada, R., Bauer, G., Torigoe, R., & Kinney, B. (1988b). Patient suicide: Frequency and impact on psychologists. *Professional Psychology: Research and Practise, 19*, 416-420.

Cloitre, M., Miranda, R., Stovall-McClough, K. C., & Han, H. (2005). Beyond PTSD: Emotion regulation and interpersonal problems as predictors of functional impairment in survivors of childhood abuse. *Behavior Therapy, 36*, 119-124.

Cohen, J. A., Mannarino, A. P., & Deblinger, E. (2006). *Treating trauma and traumatic grief in children and adolescents.* New York: Guilford.

Cousins, N. (1979). *Anatomy of an illness.* New York: Norton.

Davidson, L. M., & Baum, A. (1986). Chronic stress and posttraumatic disorder. *Journal of Consulting and Clinical Psychology, 59*(3), 303-308.

de la Pena, A. (1984). PTSD in the Vietnam veterans: A brain-modulated, compensating, information-argumenting response to information under load in the CNS. In B. A. van der Kolk (Ed.), *Post-traumatic stress disorder: Psychological and biological sequelae.* Washington, DC: American Psychiatric Press.

DeFazio, V. J. (1978). Dynamic perspectives on the nature and effects of combat stress. In C. R. Figley (Ed.), *Stress disorders among Vietnam veterans: Theory, research and practise.* New York: Brunner/Mazel.

Dodge, K. A., & Coie, J. D. (1987). Social information processing factors in reactive and proactive aggression in children's peer groups. *Journal of Personality and Social Psychology, 53,* 1146-1158.

Dodge, K. A., & Somberg, D. (1987). Hostile attributional biases among aggressive boys are exacerbated under conditions of threats to the self. *Child Development, 58,* 213-224.

Engel, G. L. (1977). The need for a new medical model: A challenge for biomedicine. *Science, 196,* 129-136.

Erichsen, J. E. (1867). *On railway and other injuries of the nervous system.* Philadelphia, PA: Henry C. Lea.

Everly, G. S. Jr., & Mitchell, J. T. (1999). *Critical incident stress management (CISM): A new era and standard of care in crisis intervention* (2nd ed.). Ellicott City, MD: Chevron.

Figley, C. R. (1988). Post-traumatic family therapy. In F. Ochberg (Ed.), *Post-traumatic therapy and victims of violence.* New York: Brunner/Mazel.

Figley, C. R., & Sprenkle, D. H. (1978). Delayed stress response syndrome: Family therapy indications. *Journal of Marriage and Family Counseling, 4,* 53-60.

Figley, C. R., Bride, B. E., & Mazza, N. (Eds.). (1997). *Death and trauma: The traumatology of grieving.* Washington, DC: Taylor & Francis.

Foa, E. B., & Kozak, M. J. (1985). Treatment of anxiety disorders: Implications for psychopathology. In A. H. Tuma & J. D. Master (Eds.), *Anxiety and the anxiety disorders* (pp. 421-452). Hllsdale, NJ: Erlbaum.

Foa, E. B., & Kozak, M. J. (1986). Emotional processing of fear: Exposure to corrective information. *Psychological Bulletin, 99*(1), 20-35.

Foa, E. B., & Riggs, D. S. (1993). Post-traumatic stress disorder in rape victims. In J. Oldham, M. B. Riba, & A. Tasman (Eds.), *Annual Review of Psychiatry, 12* (pp. 273-303). Washington, DC: American Psychiatric Association.

Foa, E. B., Steketee, G., & Rothbaum, B. O. (1989). Behavioral/cognitive conceptualization of post-traumatic stress disorder. *Behavior Therapy, 20,* 155-176.

Folkman, S., & Moskowitz, J. T. (2004). Coping: Pitfalls and promise. *Annual Review of Psychology, 55*, 745-774.

Frederick, C. J. (1985a). Children traumatized by catastrophic situations. In S. Eth & R. S. Pynoos (Eds.), *Posttraumatic stress disorder in children* (pp. 73-99). Washington, DC: American Psychiatric Press.

Frederick, C. J. (1985b). Selected foci in the spectrum of post-traumatic stress disorders. In S. Murphy & J. Laube (Eds.), *Perspectives on disaster recovery*. New York: Appleton Century-Crofts.

Freud, S., Ferenczi, S., Abraham, K., Simmel, E., & Jones, E. (1921). *Psychoanalysis and the war neuroses*. London: International Psycho-Analytic Press.

Friedman, M. J. (2000). *Post-traumatic stress disorder: The latest assessment and treatment strategies*. Kansas City, MO: Compact Clinicals.

Gabbard, G. O. (2005). *Psychodynamic psychiatry in clinical practise*. Washington, DC: American Psychiatric Publishing.

Garrigan, J. L. (1987). Post-traumatic stress disorder in military disaster workers, in the human response to the Gander military air disaster: A summary report. *Division of Neuropsychiatry Report, No. 88-12* (pp. 7-8). Washington, DC: Walter Reed Army Institute of Research.

Goodwin, J. (1980). The etiology of combat-related posttraumatic stress disorders. In T. Williams (Ed.), *Posttraumatic stress disorders of the Vietnam veterans* (1-2, 3). Cincinnati, OH:

Disabled American Veterans.

Green, B. L., Wilson, J. P., & Lindy, J. D. (1985). Conceptualizing posttraumatic stress disorder: A psychosocial framework. In C. R. Figley (Ed.), *Trauma and its awake: The study and treatment of posttraumatic stress disorder.* New York: Brunner/Mazel.

Herman, J. L. (1992). Complex PTSD: A syndrome in survivors of prolonged and repeated trauma. *Journal of Traumatic Stress, 5,* 377–391.

Holmes, T. H., & Rahe, R. H. (1967). The social readjustment rating scale. *Journal of Psychosomatic Research, 11,* 213–218.

Horowitz, M. J. (1976). *Stress response syndromes.* New York: Aronson.

Horowitz, M. J. (1986). Stress response syndromes: A review of posttraumatic and adjustment disorders. *Hospital and Community Psychiatry, 37,* 241–249.

Hyer, L. A., & Brandsma, J. M. (1997). EMDR minus eye movements equals good therapy. *Journal of Traumatic Stress, 10,* 515–522.

Jacobson, E. (1938). *Progressive relaxation.* Chicago, IL: University of Chicago Press.

Janoff-Bulman, R. (1989). Assumptive worlds and the stress of traumatic events: Applications of the schema construct. *Social Cognition, 7,* 113–136.

Jensen, J. A. (1994). An investigation of eye movement desensitization and reprocessing (EMDR) as a teatment for posttraumatic stress disorder(PTSD) symptoms of Vietnam combat veterans.

Behavior Therapy, 25, 311-325.

Jorgensen, R. S., Frankowski, J. J., & Carey, M. P. (1999). Sense of coherence, negative life events and appraisal of physical health among university students. *Personality and Individual Differences, 27*, 1079-1089.

Jurich, A. P. (1983). The Saigon of the family's mind: Family therapy with families of Vietnam veterans. *Journal of Marital and Family Therapy, 9*(4), 355-361.

Kemeny, M. E. (2003). The psychology of stress. *Current Directions, 12*, 124-129.

Kilpatrick, D. G., Edmunds, C. N., & Seymour, A. K. (1992). *Rape in America: A report to the nation*. Arlington, VA: National Victim Center & Medical University of South Carolina.

Kinzie, J. D. (1986). Sever posttraumatic stress disorder among Cambodian Refugees: Symptoms, clinical course, and treatment approaches. In J. H. Shore (Eds.), *Disaster stress studies: New methods and findings* (1123-1140). Washington, DC: American Psychiatric Press.

Kobasa, S. C. (1982). The hardy personality: Toward a social psychology of stress and heal. In J. Suls & G. Sanders (Eds.), *Social psychology of health and illness*. Hillsdale, NJ: Lawrence Erlbaum Associates.

Kubler-Ross, E. (1969). *On death and dying*. New York: Macmillan.

Lang, P. J. (1979). A bio-informational theory of emotional imagery. *Psychophysiology, 16*, 495-512.

Lazarus, R. S., & Folkman, S. (1984). *Stress, appraisal and coping.* New York: Springer.

Lifton, R. J. (1967). *Death in life: Survivors of Hiroshima.* New York: Basic Books.

Lindy, J. D., & Titchener, J. (1983). Acts of God and man: Long-term character change in survivors of disasters and the law. *Behavioral Sciences and the Law, 1*(3), 85–96.

Lopez, M. A., & Heffer, R. W. (1998). Self-concept and social competence of university student victioms of childhood physical abuse. *Child Abuse & Neglect, 22,* 183–195.

Maddi, S. R. (1970). The search for meaning . In M. Page (Ed.), *Nebraska Symposium on Motivation* (pp. 137–186). Lincoln, NE: University of Nebraska Press.

Malinosky-Rummell, R., & Hansen, D. J. (1993). Long-term consequences of childhood physical abuse. *Psychological Bulletin, 114,* 68–79.

Malmquist, C. P. (1986). Children who witness parental murder: Posttraumatic aspects. *Journal of American Academy of child Psychiatry, 25,* 320–326.

Maxfield, L., & Hyer, L. (2002). The relationship between efficacy and methodology in studies investigating EMDR treatment of PTSD. *Journal of Clinical Psychology, 58,* 23–41.

McCrae, R. R. (1992). The five factor model: Issues and applications. *Journal of Personality, 60*(2), 329–361.

Meichenbaum, D. (1994). *A Clinical Handbook/Practical Therapist*

Manual: For assessing and treating adults with post-traumatic stress disorder. Waterloo, ON: Institute Press.

Mowrer, O. H. (1960). *Learning theory and the symbolic processes.* New York: Wiley.

Newman, C. J. (1976). Children of disaster: Clinical observations at Buffalo Creek. *American Journal of Psychiatry, 133,* 306-312.

Nir, Y. (1985). Post-traumatic disorder in children with cancer. In S. Eth & R. Pynoos (Eds.), *Posttraumatic stress disorder in children* (pp. 123-132). Washington, DC: American Psychiatric Press.

Oltmanns, T. F., & Emery, R. E. (2001). *Abnormal psychology* (3rd ed.). Upper Saddle River, NJ: Prentice Hall.

Peterson, K. C., Prout, M. F., & Schwarz, R. A. (1991). *Post-traumatic stress disorder: A clinicians guide.* New York: Plenum Press.

Pynoos, R. S., & Eth, S. (1986). Witness to violence: The child interview. *Journal of the American Academy of Child Psychiatry, 25,* 306-319.

Raphael, B. (1986). *When disaster strikes: How individuals and communities cope with catastrophe.* New York: Basic Books.

Resnick, H. S., Kilpatrick, D. G., Dansky, B. S., Saunders, B. E., & Best, C. L. (1993). Prevalence of civilian trauma and PTSD in a representative national sample of women. *Journal of Consulting & Clinical Psychology, 61,* 984-991.

Roth, W. T. (1988). The role of medication in post-traumatic therapy. In F. Ochberg (Ed.), *Post-traumatic therapy and victim of violence.* New York: Brunner/Mazel.

Scheier, M. F., Carver, C. S., & Bridges, M. W. (1994). Distinguishing optimism from neuroticism (and trait anxiety, self-mastery, and self-esteem): A reevaluation of the life orientation test. *Journal of Personality and Social Psychology, 67,* 1067-1078.

Selye, H. (1956). *The stress of life.* New York: McGraw-Hill.

Shatan, C. F. (1978). Stress disorder among Vietnam veterans: The emotional content of combat continues. In C. R. Figley (Ed.), *Stress disorders among Vietnam veterans: Theory, research, and practise* (pp. 43-55). New York: Brunner/Mazel.

Shimizu, M., & Pelham, B. W. (2004). The unconsciousness cost of good fortune: Implicit and explicit self-esteem, positive life events, and health. *Health Psychology, 23,* 101-105.

Spitzer, R. L., Gibbon, M., Skodol, A. E., Williams, J. B. W., & First, M. B. (1994). *DSM-IV Casebook.* Arlington, VA: American Psychiatric Press.

Sugaya, L., Hasin, D. S., Olfson, M., Lin, K. H., Grant, B. F., & Blanco, C. (2012). Child physical abuse and adult mental health: A national study. *Journal of Traumatic Stress, 225,* 384-392.

Sweet, A. (1995). A theoretical perspective on the clinical use of EMDR. *The Behavior Therapist, January,* 5-6.

Tennen, H., & Affleck, G. (1998). Personality and transformation in the face of adversity. In R. G. Tedeschi, C. L. Park, & L. G. Calhoun (Eds.), *Posttraumatic growth: Positive changes in the aftermath of crisis* (p. 65-98). Mahwah, NJ: Lawrence Erlbaum.

Terr, L. C. (1979). Children of Chowchilla. *The Psychoanalytic Study of the Child, 34*, 547-627.

Terr, L. C. (1983a). Chowchilla revisited: The effects of psychic trauma: Four years after a schoolbus kidnapping. *American Journal of Psychiatry, 140*(12), 1543-1550.

Terr, L. C. (1983b). Time sense following psychic trauma: A clinical study of ten adults and twenty children. *American Orthopsychiatric Association, 53*(2), 244-261.

Terr, L. C. (1991). Childhood traumas: An outline and overview. *American Journal of Psychiatry, 148*, 10-20.

Thompson, S. C. (1981). Will it hurt less if I can control it? A complex answer to a simple question. *Psychological Bulletin, 90*, 89-101.

Updegraff, J. A., Silver, R. C., & Holman, A. (2008). Searching for and finding meaning in collective trauma: Results from a national longitudinal study of the 9/11 terrorist attacks. *Journal of Personality and Social Psychology, 95*(3), 709-722.

van der Kolk, B. (2005). Developmental trauma disorder: Towards a rational diagnosis for children with complex trauma histories. *Psychiatric Annals, 35*(5), 401-408.

van der Kolk, B., & Courtois, C. A. (2005). Editorial comments: Complex developmental trauma. *Journal of Traumatic Stress, 18*(5), 385-388.

Visotsky, H. M., Hamburg, D. A., Goss, M. E., & Lebovitz, B. Z. (1961). Coping behavior under extreme stress. *Archives of*

General Psychiatry, 5, 423-428.

Walker, J. I. (1981). Vietnam veterans with legal difficulties: A psychiatric problem? *American Journal of Psychiatry, 138*(10), 1384-1385.

Wegner, D. M., Schneider, D. J., Carter, S., & White, L. (1987). Paradoxical effects of thought suppression. *Journal of Personnality and Social Psychology, 53,* 5-13.

Wilkinson, C. B. (1983). Aftermath of a disaster: The collapse of the Hyatt Regency Hotel Skywalks. *American Journal of Psychiatry, 140*(9), 1134-1139.

Williams, M. B., & Poijula, S. (2002). *PTSD workbook.* Oakland, CA: New Harbinger Publicatons.

Wilmer, H. A. (1982). Posttraumatic stress disorder. *Psychiatric Annuals, 12*(11). 995-1003.

Wind, T. W., & Silvern, L. (1992). Type and extent of child abuse as predictors of adult functioning. *Journal of Family Violence, 7,* 261-281.

Wolfe, D. A., & Jaffe, P. (1991). Child abuse and family violence as determinants of child psychopathology. *Canadian Journal of Behavioural Science / Revue canadienne des sciences du comportement, 23,* 282-299.

Wyatt, G. E., & Necomb, B. (1990). Internal and external mediators of women's sexual abuse in childhood. *Journal of Consulting and Clinical Psychology, 58,* 758-767.

Yehuda, R., & McFarlane, A. C. (1997). *Psychobiology of*

posttraumatic stress disorder. New York: Annals of the New York Academy of Science.

Yehuda, R., Giller, E. L. Jr., Levengood, R. A., Southwick, S. M., & Siever, L. J. (1995). Hypothalamic-pituitary-adrenal functioning in post-traumatic stress disorder: Expanding the concept of the stress response spectrum. In M. J. Friedman, D. S. Charney, A. Y. Deutch (Eds.), *Neurobiological and clinical consequences of stress: From normal adaptation to post-traumatic stress disorder* (pp. 351-365). Philadelphia, PA: Lippincott-Raven.

Zubin, J., & Spring, B. (1977). Vulnerability: A new view of schizophrenia. *Journal of Abnormal Psychology, 86*, 103-126.

찾아보기

《인 명》

《내 용》

◎ 저자 소개

김환(Kim Hwan)

서울대학교 심리학과를 졸업하고 동 대학원에서 임상심리학 전공으로 박사학위를 받았다. 서울아산병원에서 임상심리사 수련을 마쳤고, 정신보건 임상심리사 1급과 한국심리학회 임상심리전문가 자격을 취득하였다. 서울대학교와 아주대학교, 가톨릭대학교, 서울디지털대학교 등에서 강의하였으며, 현재는 서울사이버대학교 상담심리학과 전임교수로 재직 중이다. 또 서울임상심리연구소에서 개인 심리치료를, 연구소 밖에서는 다양한 강연 활동을 하고 있다. 주요 저서와 역서로는 『고객상담과 심리상담의 길잡이』(저), 『모두가 행복해지는 공감 연습』(저), 『심리학자가 만난 아이마음 부모생각』(저), 『상담면접의 기초』(공저), 『약 없이 우울증과 싸우는 50가지 방법』(공역) 등이 있다.

ABNORMAL PSYCHOLOGY 9

외상후 스트레스 장애 충격적 경험이 남긴 영향

Post-Traumatic Stress Disorder

2000년 9월 20일 1판 1쇄 발행
2011년 11월 28일 1판 5쇄 발행
2016년 10월 25일 2판 1쇄 발행
2022년 9월 20일 2판 3쇄 발행

지은이 • 김환
펴낸이 • 김 진 환

펴낸곳 • (주) **학지사**

　　　　04031 서울특별시 마포구 양화로 15길 20 마인드월드빌딩 5층

대표전화 • 02) 330-5114　　팩스 • 02) 324-2345

등록번호 • 제313-2006-000265호

홈페이지 • http://www.hakjisa.co.kr
페이스북 • https://www.facebook.com/hakjisabook

ISBN 978-89-997-1009-4 94180
　　　978-89-997-1000-1 (set)

정가 **9,500**원

이 도서의 국립중앙도서관 출판 시 도서목록(CIP)은 서지정보유통지
원시스템 홈페이지(http://seoji.nl.go.kr)와 국가자료공동목록 시스템
(http://www.nl.go.kr/kolisnet)에서 이용하실 수 있습니다.
(CIP제어번호: CIP2016024026)

출판미디어기업 **학지사**

간호보건의학출판 **학지사메디컬** www.hakjisamd.co.kr
심리검사연구소 **인싸이트** www.inpsyt.co.kr
학술논문서비스 **뉴논문** www.newnonmun.com
원격교육연수원 **카운피아** www.counpia.com